潮涌南沙

华南科技成果转化高地建设研究报告（2023）

谢伟 | 主编

廖晓东　钟伟彬　孙晓麒 | 副主编

广州市科学技术局
广州南沙经济技术开发区科学技术局 | 指导

华南理工大学出版社
SOUTH CHINA UNIVERSITY OF TECHNOLOGY PRESS

·广州·

图书在版编目（CIP）数据

潮涌南沙：华南科技成果转化高地建设研究报告 . 2023 / 谢伟主编 . —广州：华南理工大学出版社，2024.6
ISBN 978-7-5623-7713-9

Ⅰ. ①潮⋯　Ⅱ. ①谢⋯　Ⅲ. ①科技成果-成果转化-研究报告-华南地区　Ⅳ. ①F124.3

中国国家版本馆CIP数据核字（2024）第096285号

Chaoyong Nansha: Huanan Keji Chengguo Zhuanhua Gaodi Jianshe Yanjiu Baogao (2023)
潮涌南沙：华南科技成果转化高地建设研究报告（2023）
谢　伟　主编

出 版 人：柯　宁
出版发行：华南理工大学出版社
　　　　　（广州五山华南理工大学17号楼，邮编510640）
　　　　　http://hg.cb.scut.edu.cn　E-mail：scutc13@scut.edu.cn
　　　　　营销部电话：020-87113487　87111048（传真）
策划编辑：吴翠微
责任编辑：陈　蓉
责任校对：盛美珍
印 刷 者：广州一龙印刷有限公司
开　　本：787 mm×960 mm　1/16　印张：9.5　字数：165千
版　　次：2024年6月第1版　印次：2024年6月第1次印刷
定　　价：58.00元

版权所有　盗版必究　印装差错　负责调换

编委会

主　　任：谢　伟

副主任：钟伟彬　李　奎　李家华

委　　员：许鸿斌　廖晓东　杨　敏

　　　　　赖培源　孙晓麒　罗毅杰

支持单位：广州市科学技术局

　　　　　广州南沙经济技术开发区科学技术局

　　　　　华南技术转移中心

课题组成员

组　长
　　李　奎　华南技术转移中心　　　　　　　　总裁/研究员/博士

副组长
　　廖晓东　华南技术转移中心　　　　　　　　副总裁/副研究员/博士研究生
　　黄　何　广东省技术经济研究发展中心　　　部长/研究员

成　员
　　孙晓麒　华南技术转移中心　　　　　　　　技术转移研究院执行院长
　　赖培源　华南技术转移中心　　　　　　　　总工程师/高级工程师/博士研究生
　　叶世兵　华南技术转移中心　　　　　　　　副总经理/高级工程师
　　戴　川　华南技术转移中心　　　　　　　　业务部总监
　　闫永骅　华南技术转移中心　　　　　　　　业务部副总监
　　陈华钊　华南技术转移中心　　　　　　　　业务主管
　　卢雪梅　华南技术转移中心　　　　　　　　业务主管
　　刘小倩　华南技术转移中心　　　　　　　　业务主管/中级经济师
　　张　跃　华南技术转移中心　　　　　　　　综合部副总监/助理研究员
　　谢毅明　华南技术转移中心　　　　　　　　高级经理
　　郑时蓉　华南技术转移中心　　　　　　　　业务主管
　　何雨谦　广东省技术经济研究发展中心　　　助理研究员
　　余碧仪　广东省技术经济研究发展中心　　　助理研究员
　　邓少慧　广东省技术经济研究发展中心　　　助理研究员
　　邹建伟　广东省技术经济研究发展中心　　　助理研究员
　　张宏丽　广东省技术经济研究发展中心　　　副部长/研究员
　　李金惠　广东省技术经济研究发展中心　　　副部长/研究员
　　唐　强　广东省技术经济研究发展中心　　　助理研究员
　　王增栩　广东省技术经济研究发展中心　　　助理研究员
　　罗春兰　广东省技术市场协会　　　　　　　秘书长

前 言

推动科技成果转化是实现科技创新和产业创新高效对接的"关口",也是加快发展形成新质生产力的关键。党的十八大以来,以习近平同志为核心的党中央高度重视科技创新工作,把促进科技成果转化摆在十分重要的位置进行谋划部署。习近平总书记高度重视科技成果转化工作并发表系列重要讲话,强调要"整合科技创新资源,引领发展战略性新兴产业和未来产业,加快形成新质生产力",要"加快科研成果从样品到产品再到商品的转化,把科技成果充分应用到现代化事业中去",要"坚持面向世界科技前沿、面向经济主战场、面向国家重大需求、面向人民生命健康,树立勇担使命、潜心研究、创造价值的激励导向,营造有利于原创成果不断涌现、科技成果有效转化的创新生态,激励广大科技人员各展其能、各尽其才"。这体现了党和国家对于通过营造良好创新生态激发科技成果转化动力的高度重视。

建设粤港澳大湾区,是习近平总书记亲自谋划、亲自部署、亲自推动的重大国家战略。目前,粤港澳大湾区科创资源密集,创新创业活跃,日益发展成为全球科技创新高地和新兴产业重要策源地。在这里,创新要素高效联通,重大科技基础设施开放共享,科技创新要素便捷流动,知名大学、实验室、研发机构、科研院所广泛聚集。在这里,创新产业蓬勃发展,新一代电子信息、新材料、新能源汽车、新型储能、海洋牧场等新兴产业、新动能持续壮大。

将广州南沙打造成为华南科技创新成果转化高地,是粤港澳大湾区建设的重要任务。2022 年 6 月 14 日,国务院印发的《广州南沙深化面向世界的粤港澳全面合作总体方案》（以下简称《南沙方案》）提出"建设华南科技成果转移转化高地"，这进一步要求南沙要提升国际科技成果转移转化能力。当前，南沙正加快推进华南技术转移中心、香港科技大学（广州）、明珠科学园和南沙科学城等重大枢纽平台建设，不断优化科技创新政策环境，积极构建全链条创新发展体系，积极深化与港澳科技创新主体的交流合作，不断提高科技成果转化水平。但与高质量发展要求相比，与国内先进地区和周边兄弟区域相比，还存在着政策有效供给和服务质量不高、人才引进和集聚能力不强、科技成果转化链条不完善等一些突出的短板和不足。

为加快推进《南沙方案》中明确的科技创新产业合作基地和华南科技成果转移转化高地建设，破解科技成果转化的"堵点""难点"问题，推动南沙与港澳深化创新合作，在广州市科学技术局和广州南沙经济技术开发区科学技术局指导下，华南技术转移中心组织编写本书。本书主要从广东省的角度系统分析粤港澳大湾区科技成果转化面临的国际态势和六大行业痛点，从政策、供给、需求、机构、人才、载体、区域合作等七个维度深入分析大湾区科技成果转化发展现状，从供给面、需求面、服务面、政策面、资金面、协同面等六个方面提炼大湾区科技成果转化存在的主要问题，提出推动大湾区科技成果转化的对策建议和将南沙打造成为华南科技成果转移转化高地的具体路径，为把大湾区建设成具有国际竞争力的科技成果转化基地提供决策参考。

在系统分析广东省乃至大湾区科技成果转化发展现状、问题并给出具体路径的基础上，本书从创新链、产业链、人才链视角切入，按照行业龙头企业、新型研发机构、省高水平创新研究院、地方性科研院所、战略性高端人才等五大类，从广东省范围内共遴选出10个具有典型代表性和借鉴意义的科技成果转化案例，希望向大湾区乃至全国各地推广成功模式，推动科技成果转化工作高质量开展。

2023年11月，在广州市科学技术局和广州南沙经济技术开发区科学技术局的指导下，华南技术转移中心组织编写的《将科技成果转化为新质生产力——粤港澳大湾区技术转移转化报告（2023年）蓝皮书》（以下简称《蓝皮书》）顺利发布。本书是在《蓝皮书》基础上，由编委会指导、华南技术转移中心组织修改编写而成。在此衷心感谢编委会对本书的指导与支持，感谢课题组全体成员积极参与本书的编写与审校工作，感谢广东省技术市场协会提供广东省技术合同的相关统计数据。

由于时间仓促和水平有限，书中难免存在纰漏和不足之处，敬请批评指正。

目 录

报告篇

第1章　粤港澳大湾区科技成果转化面临的国际态势分析 3
  1.1　国内外科技成果转化趋势动态 3
  1.2　国际主要湾区科技成果转化模式与现状 6
  1.3　我国科技成果转化行业面临六大痛点 25

第2章　粤港澳大湾区科技成果转化发展现状分析 29
  2.1　粤港澳大湾区科技成果转化政策现状 29
  2.2　粤港澳大湾区科技成果转化供给现状 32
  2.3　粤港澳大湾区科技成果转化需求现状 36
  2.4　粤港澳大湾区科技成果转化机构现状 42
  2.5　粤港澳大湾区科技成果转化人才现状 48
  2.6　粤港澳大湾区科技成果转化载体现状 53
  2.7　粤港澳大湾区科技成果转化区域合作现状 61

第3章　粤港澳大湾区科技成果转化存在问题 67
  3.1　供给面：可转化高质量成果供给不足 67
  3.2　需求面：企业研发投资呈现两极分化 68
  3.3　服务面：转化机构服务质量良莠不齐 69
  3.4　政策面：相关政策体制机制有待完善 70
  3.5　资金面：创业风险投资更趋保守谨慎 72
  3.6　协同面：大湾区成果转化协同有待增强 73

第4章 推动粤港澳大湾区科技成果转化的对策建议·················74
- 4.1 加快实现科技成果转化"三个转变"···························74
- 4.2 加强以企业需求为导向的科技成果供给·······················75
- 4.3 综合施策支持企业科技成果转化需求·························76
- 4.4 加强对科技成果转化服务机构的培育扶持·····················77
- 4.5 着力破解制约科技成果转化的体制机制障碍···················77
- 4.6 充分发挥各类科技成果转化引导基金的作用···················79
- 4.7 探索建立粤港澳三地科技成果转化快速通道···················79

第5章 将南沙打造成为华南科技成果转移转化高地···············81
- 5.1 打造大湾区科技成果转化政策体制改革"先行地"·············81
- 5.2 打造大湾区科技成果创造与供给"制高地"···················82
- 5.3 打造大湾区科技成果转化落地"首选地"·····················82
- 5.4 打造国际技术转移"桥头堡"与"枢纽站"···················83
- 5.5 打造大湾区科技成果转化人才"富集地"·····················83
- 5.6 打造科技金融与成果转化融合"试验区"·····················84

案例篇

案例一　广州巨湾技研有限公司·································87
- 成果转化··87
- 模式总结··88

案例二　中铁隧道局集团有限公司·······························89
- 成果转化··89
- 模式总结··90

案例三　广东健齿生物科技有限公司···91
　　成果转化···91
　　模式总结···92

案例四　广东华中科技大学工业技术研究院·····································94
　　成果转化···94
　　模式总结···95

案例五　广东粤港澳大湾区国家纳米科技创新研究院·······················96
　　成果转化···96
　　模式总结···97

案例六　广东省科学院生态环境与土壤研究所·································98
　　成果转化···98
　　模式总结··100

案例七　广工大数控装备协同创新研究院······································102
　　成果转化··102
　　模式总结··103

案例八　中国科学院深圳先进技术研究院······································104
　　成果转化··104
　　模式总结··106

案例九　深圳清华大学研究院··109
　　成果转化··109
　　模式总结··110

案例十　企业科技特派员"精准特派"新模式助力科技成果高效转化 ········· 112
 转化成效 ··· 112
 模式总结 ··· 113

附　录 ··· 114
 附录1　粤港澳大湾区科技成果转化代表机构巡览 ····························· 114
 附录2　广州南沙科技成果转化相关政策集锦 ··································· 136

报 告 篇

为加快推进《南沙方案》中明确的科技创新产业合作基地和华南科技成果转移转化高地建设，破解科技成果转化的"堵点""难点"问题，推动南沙与港澳深化创新合作，报告篇从广东省的角度系统分析了粤港澳大湾区科技成果转化国际态势和六大行业痛点，从政策、供给、需求、机构、人才、载体、区域合作等维度深入分析大湾区科技成果转化发展现状，从供给面、需求面、服务面、政策面、资金面、协同面等六个方面提炼大湾区科技成果转化存在的主要问题，提出推动大湾区科技成果转化的对策建议和将南沙打造成为华南科技成果转移转化高地的具体路径，为把大湾区建设成具有国际竞争力的科技成果转化基地提供决策参考。

第1章 粤港澳大湾区科技成果转化面临的国际态势分析

1.1 国内外科技成果转化趋势动态

1.1.1 世界各国加快布局抢占新一轮科技发展制高点

面对新一轮科技变革,全球主要经济体将科技创新置于国家发展战略的核心位置,并相继出台了一系列关于创新驱动的战略规划和实施方案。美国出台《无尽前沿法案》,重点投入人工智能与机器学习、量子计算和信息系统、先进通信技术等十大关键科学技术的研发;德国相继发布人工智能、氢能源、生物经济等系列国家战略,同时发布《中小企业数字化投资补助计划》,促进创新与结构转型;日本修订《科学技术创新基本法》,新设"科学技术创新推进事务局",发布《科技白皮书》,推动科学技术与经济、社会文化的深度融合。世界各国正纷纷加大对科技创新的投入力度,特别是在新能源、先进材料、信息技术、生物医药、环保节能、低碳技术和绿色经济等关键领域进行战略部署,致力于通过科技创新来改善就业格局、促进可持续发展、增强国家竞争力,从而维持在科技前沿的领先地位,争夺未来发展的战略高地。在新一轮科技革命和产业变革前夜,谁能抓住新一轮科技革命的机遇,谁就将成为科技革命的"领头羊"。

1.1.2 国际科技合作面临"恶性竞争"和"去全球化"挑战

在新一轮科技革命和产业变革加速推进的时代背景之下,部分技术先进的国家把与不同国家的科技创新竞争视作"零和博弈",利用自身主导的创新链形成"盟友"利益体系,在高新技术领域全产业链上联合"盟友",对后发国家实施全方位技术封锁，遏制后发国家在科技创新上的技术追赶，这必然导致全球在科技领域的恶性竞争愈加严重。除"恶性竞争"外，新冠疫情后，各国政府应对疫情的措施影响了原有的全球化进程，全球价值链和产业链重新配置，全球化程度开始降低，"去全球化"呈持续上升的态势。在这种背景下，国际科技合作环境恶化，技术禁运甚至科技战愈演愈烈。国际技术转移需要高度全球化的合作，但国际科技合作面临"恶性竞争"和"去全球化"的新挑战，使得国际技术转移复杂化，制约创新要素在全球内畅通流动，给未来科技发展带来很大的不确定性。

1.1.3 世界各国均高度重视新技术研发与技术转移转化

在全球产业革命和技术革命的飞速发展中，构建完善的国家技术转移体系、推动科技成果转化，已成为全球科技政策的主流方向。世界各国均开始重视完善国家技术转移体系，构建专业技术转移机构，加速推进科技成果转化，以抢占科技产业制高点。例如，由美国国会批准建立的美国国家技术转移中心（NTTC）便是推动技术成果转移转化的重要机构，它主要服务于美国联邦实验室、太空总署和美国本土大学；英国政府构建的国家研究开发公司（NRDC）专门负责对政府公共资助产生的研究成果的商品化，已经发展成为全球知名的技术转移专业机构——英国技术集团（BTG）；欧盟成立的欧洲创新转移中心（IRC），利用遍布30个国家68个地区超过250家技术创新中心的地理便利性，提供一对一技术转移服务，促进欧洲区域间的技术转移。此外，德国创新市场（IM）、日本的技术转移机构Technomart、韩国技术交易所（KTTC）等国家级技术转移机构也具有较大影响力。我国虽然早就开始布局技术转移工作，但相较于国外知名机构，我国国家级技术转移机构的建设仍存在一定差距。当前，国内外形势均要求我国加速布局国家技术转移体系，把握新规律、新趋势、新要求，利用新技术、新工具、新模式，培育一批专业化技术转移机构，增强我国技术要素市场对全球科技资源的集聚配置能力。①

---

① 廖晓东，李奎. 粤港澳大湾区技术转移体系建设研究［J］.决策咨询，2021（4）：27-31.

1.1.4　高水平科技自立自强迫切需要加快科技成果转化

当前，世界正经历百年未有之大变局，新一轮科技革命和产业变革加速推进，国际战略博弈围绕科技创新领域深入开展。我国要在激烈的国际竞争中牢牢把握主动权，推动高质量发展，必须把创新摆在国家发展全局的突出位置，大力实施创新驱动发展战略，加快实现高水平科技自立自强。要实现高水平科技自立自强，必须应对当前科技成果转化效率低、产业化程度不足以及科技进步与经济增长脱节等多重挑战。习近平总书记强调，科技成果只有同国家需要、人民要求、市场需求相结合，完成从科学研究到实验开发再到推广应用的三级跳，才能真正实现创新价值、实现创新驱动发展。科技成果转化是推动基础研究和成果转化应用有机衔接的桥梁，也是促进科技供给与企业需求精准对接的纽带。随着创新驱动发展战略的深入推进，我国对加快科技成果转化和实现高水平科技自立自强都提出了更加迫切的要求。

1.1.5　国家高度重视科技成果转化及技术转移体系建设

近年来，国家加快实施创新驱动发展战略，对技术转移转化给予了极大的关注。早在2013年，《科技部关于印发技术市场"十二五"发展规划的通知》（国科发高〔2013〕110号）中就明确提出"建设国家技术转移集聚区和区域技术转移核心区"。伴随《中华人民共和国促进科技成果转化法》的修订出台和《国家技术转移体系建设方案》的正式实施，我国在技术转移体系建设方面取得了新进展。目前，我国已在全国部署了12个国家科技成果转移转化示范区、12个国家技术转移区域中心以及各类技术交易场所和地方技术转移机构。[①]科技成果转化体制机制改革持续深化，2020年科技部等九部门联合印发了《赋予科研人员职务科技成果所有权或长期使用权试点实施方案》，就开展赋予科研人员职务科技成果所有权或长期使用权试点工作进行了相关的工作安排，进一步增强科研人员推进成果转化的积极性；同年，中央首次将技术要素作为五大生产要素之一进行部署；2022年，《科学技术进步法》的颁布和修订为成果转化提供了更全面的法律保障，我国科技成果转化的"四梁八柱"基本形成。

---

① 张伟.科技成果转化工作取得全面进展［N］.中国高新技术产业导报，2023-06-05（3）.

1.1.6 推动粤港澳大湾区双循环须打通技术转移内循环

粤港澳大湾区建设属于国家重大发展战略，科技创新在大湾区战略规划和建设布局中发挥着重要作用。2019年2月，国家正式发布《粤港澳大湾区发展规划纲要》，要求着力提升科技成果转化能力，将粤港澳大湾区建设成为具有国际竞争力的科技成果转化基地。2022年，国务院印发《广州南沙深化面向世界的粤港澳全面合作总体方案》，提出南沙要"积极承接香港创新成果转移转化，建设华南科技成果转移转化高地"。在当前国际形势错综复杂的背景下，粤港澳大湾区内港澳地区一国两制的特色是我国实现国际技术转移、对接国际科技合作的独特优势。建设并完善粤港澳大湾区技术转移体系，推动技术、人才、资金在大湾区自由流动，打通粤港澳大湾区技术转移内循环通道，探索国内国际双循环新模式，对于当前加快实现高水平科技自立自强、推动高质量发展具有重要的政治意义和现实意义。

1.2 国际主要湾区科技成果转化模式与现状

1.2.1 旧金山湾区：紧密的校企合作催生科技成果转化

旧金山湾区位于沙加缅度河下游出海口的旧金山湾四周，分为旧金山、北湾、东湾、南湾和半岛五大区域，包括位于西侧的旧金山，南侧的圣马特奥县、圣克拉拉谷地区，东侧的阿拉米达县、康特拉科斯特县、索拉诺县，以及北侧的马林县、纳帕县和索诺马县等9个县，共101个城市，占地面积1.8万平方公里，是美国西部第二大都市区。旧金山湾区以发展科技产业为主，依靠信息产业带动金融和其他服务业的发展，并以创新创业精神闻名于世。

（1）全球领先的科教资源为旧金山湾区创新提供原动力。

一是旧金山湾区依托西海岸区位优势与加州高水平大学高度聚集优势，形成以高水平研究型大学、州立大学、社区大学三级大学为主的高等教育体系（表1-1-1），具备突出的基础研究能力、多元化的学科设置、多层次的人才培养体系，为湾区培养、输送、集聚了大批人才。其中，湾区内有5所世界级顶尖高校，学科设置完备，人才培养体系完善，为旧金山湾区创新体系输送了大量人才。斯坦福大学、加州大学伯克利分校不仅是世界顶尖学府，更是美国工程与科技界领袖;加州大学是世界一流的研究型大学,也是世界最具影响力的公立大学系统,该大学系统下的海事学院、旧金山州立大学和圣何塞州立大学等院校为硅谷的高科技企业提供了大量的专业技术人才;此外,26所社区大学在职业技能培训、专业技术人才培养、丰富湾区人才多样性等方面发挥着重要作用。同时,旧金山湾区采取多中心互补、组团式大学集群发展战略,旧金山市、北湾、东湾、南湾和半岛等五大区域均布局建设高水平大学集群,形成了高等教学资源跨区域分布的局面。

表1-1-1 旧金山湾区的高等教育体系及部分代表性大学名单

大学层次	代表性大学	培养人才类型
研究型大学	斯坦福大学、加州大学伯克利分校、加州大学旧金山分校、加州大学戴维斯分校、加州大学圣克鲁斯分校	高水平研究型人才
州立大学	加州州立大学东湾分校、加利福尼亚海事学院、旧金山州立大学、圣何塞州立大学和索诺马州立大学等	技术型人才
社区大学	伯克利城市学院、卡布利洛学院和索拉诺县社区学院等26所社区大学	技能型人才

二是布局建设研究型大学和独立的非营利性实验室,开展基础研究和高新技术成果的产出与转化。旧金山湾区的基础研究和高科技技术成果主要由研究型大学和独立的非营利性实验室承担,尤其是斯坦福大学和加州大学在四个地区的分校在其中发挥着中枢作用,近年来,这些研究型大学的研发支出也呈现出逐年增加的趋势(图1-1-1)。除了独立开展科学研究外,湾区大学也和其他地区的大学通过联合研究或者成立联合实验室等方式开展合作,促成许多具有变革性的科技成果转化和商业突破。如加州大学伯克利分校和新加坡南洋理工大学建立全球研究伙伴关系,斯坦福大学对钙钛矿的材料进行科学研究,研发出低成本太阳能电池等。

三是旧金山湾区拥有5所国家级实验室(劳伦斯利弗莫尔国家实验室、航空航天局艾姆斯研究中心、劳伦斯伯克利国家实验室、农业部西部地区研究中心、斯坦福直线加速器中心)以及多所州级实验室,在承担基础研究、应用技

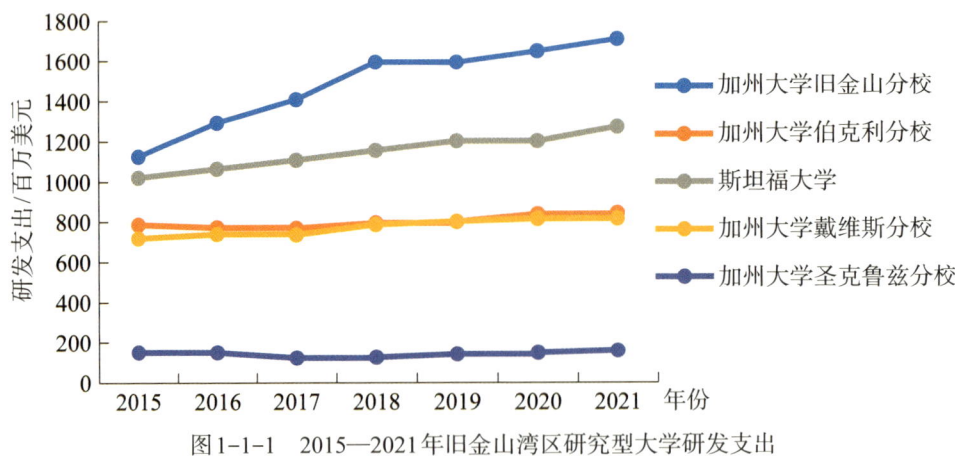

图1-1-1　2015—2021年旧金山湾区研究型大学研发支出

术研究开发的同时，利用开放式平台的特性推动旧金山湾区的科技创新与成果转化。《国际科技创新中心指数2022》数据显示，2021年，旧金山-圣何塞都市圈每百万人有效发明存量以6607件排在全球首位，远超同期纽约地区的每百万人有效发明存量。

（2）紧密的校企合作推动旧金山湾区产学研协同创新。

旧金山湾区利用世界级顶尖大学群集科研、技术、生产于一体的优势，与湾区内各创新主体协同发展，推动湾区知识创造与扩散、成果转化和商业化创新扩散，包括高校参与科技创新园区建设，高校推动研发成果转化及技术产业化，以及政府采购支持高校、实验室的创新成果产业化和新产品应用等（表1-1-2）。此外，湾区浓厚的创业氛围吸引了大批创新创业人才，也集聚培育了众多世界知名的科技企业。

表1-1-2　旧金山湾区代表性大学的校企合作体系

高校名称	经费来源	技术支持部门	主要职责	主要合作企业
斯坦福大学	社会、企业捐赠，政府拨款	技术许可办公室（OTL）	管理大学的知识产权资产，为教师的科研成果申请专利，并授权给企业	谷歌、惠普、思科、SUN等

续表

高校名称	经费来源	技术支持部门	主要职责	主要合作企业
加州大学伯克利分校	社会、企业捐赠，政府拨款	知识产权与产业研究联盟办公室（IPIRA）、技术许可办公室、行业联盟办公室（IAO）	OTL处理学校的知识产权专利和许可；IAO负责合同谈判和赠款	华为、谷歌、亚马逊、英特尔等
加州大学旧金山分校	社会、企业捐赠，政府拨款	战略联盟办公室	开发和管理大学的行业合作伙伴关系；为大学的科研项目寻求资金支持	脸书、辉瑞制药、雅培诊断等

数据来源：斯坦福大学、加州大学伯克利分校、加州大学旧金山分校官网。

其中，富有企业家精神和创业基因的研究型大学是校企合作的主要推动力，也是培育科技企业家和科技企业的重要力量。例如，斯坦福商学院开展斯坦福科技创业计划（STVP），为研究生开设为期10周的创业启动课程（包括创业精神课程等），通过将创新理论课程与实践类及学术研讨类活动结合，培养大学生的自主创新和创业意识。[①]

在校企科技成果转化模式中以斯坦福大学技术转移模式最为典型。高校通过设立专门的技术转移机构并出台相应的高校技术转移内部规范及流程，有效协调、解决校企成果转化中的知识产权问题，既保护了校企双方的合法权益，也提高了校企合作的积极性。

目前，旧金山湾区集聚了大批科创企业，集科研、技术、生产于一体，初创期、成长期、成熟期公司在此协同发展。其中，谷歌、惠普、英特尔等科技巨头企业在电子信息、人工智能、量子技术等新兴领域广泛布局，抢占科技高地；中小企业则在细分领域挖掘具有潜在商业化前景的创新成果，并带动科技成果从实验室走向市场。据《国际科技创新中心指数2022》数据，旧金山－圣何塞城市圈拥有228家创新领先企业、289家独角兽企业，远超全球其他城市

---

① 参见《联讯宏观：我们能从旧金山湾区借鉴到什么？》，https://baijiahao.baidu.com/s?id=1643163118461017839&wfr=spider&for=pc。

（都市圈），位居全球第一。

（3）完善的公共政策为科技创新与成果转化的全过程提供保障和支持。

在研发阶段，政府提供支持创新的资金、税收减免、专利保护等政策与保障。一是财政资金为科技创新提供支持，如美国联邦基金以及加州政府共出资2.7亿美元的基金支持初创时的加州大学伯克利分校所属的社会利益技术研究中心（CITRIS）；二是实行税收减免政策（表1-1-3），一方面鼓励企业增加研发投入、提高研发人员的工资待遇，另一方面减少企业及其员工的税负压力，以提高企业和科研人员的创新积极性；三是实施专利保护政策保护企业的知识产权。美国政府非常重视专利保护，并颁布《专利法》《美国发明法案》《拜杜法案》等系列法律法规以实施严格的知识产权制度。此外，美国政府针对某一特定产业制定专利保护法案，如在信息技术行业颁布了《高性能计算机与通信法》等法案，根据该产业的特点单独设计法案的规则和细节，这为硅谷的相关企业提供了保障。

表1-1-3　旧金山市支持创新的税收减免政策

政策制定者	政策内容
联邦政府	①创造就业机会抵税政策； ②商业性公司和机构从事研发活动的经费与前一年度相比有所增加时，该公司和机构可获得20%的退税
加州政府	①雇佣新员工抵税政策（帮助困难群体就业，即从特定人群中雇佣员工代替缴税）； ②企业消费扣税政策； ③创造新岗位抵税政策（鼓励小微型企业扩张，即多雇一人可获得3000美元税收减免）
旧金山市政府	①免征中心街等指定免税区内企业工资税； ②对旧金山商业企业员工工资实行税收减免； ③免征股权补偿型工资税； ④对技术型产业员工工资实行税收减免； ⑤从事电影产业的员工享有退税优惠

在成果转化阶段，财政部门重点扶持中小企业及孵化载体的建设。一方面，美国政府非常重视科技成果转化，并出台一系列支持性政策，如实施小企业创新研究计划，根据中小企业成长路线对其实施三级资助，提供研发资金和成果转化的技术帮助。此外，美国政府设立了专门的科技成果转化机构，如美国国家技术转移中心、联邦实验室等。另一方面，美国通过立法推动并资助孵化器、产业园的建设发展。目前，位于旧金山湾区的硅谷已经集聚了大量企业孵化器。

（4）成熟的科技金融体系为创新提供资金支持。

完备的科技金融体系为旧金山湾区奠定了稳固的资金基础，从而促使其成为全球创新引擎。一方面，初创企业吸引大量风险投资基金落户湾区。旧金山湾区的风险投资基金某种程度上充当了孵化器，不仅给予科技公司巨额启动资金，还帮助企业组建团队成员。除风险投资外，以专业银行为主导的间接融资模式为旧金山湾区高科技企业融资提供了补充，例如，美国银行和富国银行在高新科技与金融资本之间架起了桥梁，为湾区的高新技术及科技创新提供了充足的资金保障，也为湾区的产业发展提供了必要的金融资源。

1.2.2 纽约湾区：发达的风险投资推动科技成果转化

纽约湾区地处美国东北部，由纽约州、康涅狄格州、新泽西州等地区共计35个县组成，形成了以纽约为中心的世界级超大城市群与沿大西洋经济带，既是国际金融中心，也是教育重镇。纽约湾区是历史最悠久的世界级湾区，经历了多轮产业转型升级，从最早期的美国制造业中心转变为金融中心，最终又成功转型成为全球科技创新高地。

（1）科教、经济、金融资源高度集聚融合，成功转型为全球创新高地。

一是纽约湾区及周边地区是美国乃至全世界高水平院校和研究机构最为密集的区域，具备雄厚的科教资源和科研实力。作为美国东部的教育重镇，纽约湾区汇聚了哈佛大学、普林斯顿大学和耶鲁大学等名声显赫的高等学府。根据泰晤士高等教育2022年世界大学排名，三者依次排在第2名、第7名和第9名。目前纽约湾区的高等教育体系主要由常春藤盟校、新常春藤盟校、公立大学、私立大学4个类型的高校组成（具体信息见表1-1-4）。世界高水平公立与私立大学在纽约湾区高度聚集，为湾区的科技创新和经济发展培养高科技人才资源，对湾区内科技创新、经济发展、文化多元等均发挥了重要作用。此外，湾区布局曼哈顿社区学院、布朗克斯社区学院等社区学院约200所，为湾区持续培养和输送了高质量的技术技能型人才，一定程度上推动了科技成果的转化落地。

表1-1-4　纽约湾区主要的高等教育学校

类型		名称
常春藤盟校		哈佛大学、耶鲁大学、普林斯顿大学、哥伦比亚大学、布朗大学、康奈尔大学、宾夕法尼亚大学
新常春藤盟校		纽约大学、罗切斯特大学、伦斯勒理工学院、科尔盖特大学、斯基德莫尔学院等
公立大学	州立大学	宾汉姆顿分校、石溪分校、布法罗分校、奥尔巴尼分校等
	市立大学	城市学院、亨特学院、巴鲁克学院、布鲁克林学院、女王学院、纽约理工学院等
私立大学		福特汉姆大学、雪城大学等

二是纽约湾区吸引集聚了大批全球性产业巨头、科技企业和金融投资机构。首先，2021年《财富》世界500强企业榜单显示，有24家企业设在纽约湾区，其中不乏谷歌、脸书、辉瑞等实力雄厚、影响广泛的科技巨头来此设立区域总部或研发机构。产业巨头的集聚带来了大规模的知识溢出，显著提高了湾区的科技创新能力，加速了技术和产品的开发进程。其次，近年来，纽约湾区的高科技型企业数量持续增长。硅巷（Silicon Alley）作为美国三大科技中心之一，集聚了一大批以社交网络、智能手机及移动应用软件为重点的初创企业，这些企业通过研发各种信息技术，为时尚传媒、金融商业等领域的企业问题提供先进的解决方案与改进优化路径，实现了科技创新与其他产业的深度融合。

三是纽约湾区作为美国乃至全世界金融最为发达的区域，坐拥华尔街，集聚了高盛集团、摩根士丹利、花旗银行等世界顶级金融巨头总部及分支机构，以及全球银行、证券、保险、期货等近3000家[①]金融机构，构建了全球发达的风险投资市场和最完备的科技金融生态系统，为科技创新和成果转化提供了极为便利的融资环境。同时，纽约湾区坐落着3家全球知名的金融科技创新实验室（表1-1-5），利用金融创新更好地服务于科技创新创业，如利用金融大数据帮助银行更精准地对科技企业进行信用评定，帮助科技企业获得融资支持。

表1-1-5　纽约湾区的金融科技创新实验室

名称	成立者	成立年份	简介
纽约金融科技创新实验室	纽约市投资基金与埃森哲	2010	该实验室发起为金融服务业（包括银行业、保险业和资产管理业）研发颠覆性技术的处于初创到成长阶段的创业公司而设立的项目。这些为期12周的项目通过与埃森哲及纽约市投资基金合作，帮助初创期、成长期的金融创业公司对接华尔街顶尖银行（包括美国运通、美国银行、高盛公司等15家金融机构），并为创业公司提供专业指导和帮助。实验室成立以来，在伦敦和中国香港等地开设了多家实验室
花旗银行创新实验室	花旗银行	2011	该实验室旨在加速物联网和区块链等颠覆性产品和技术的开发。实验室部署了全球创新中心网络，在特拉维夫、都柏林、新加坡、旧金山和纽约市等地均设有实验室，实验室间实现完全互动并与全球链接。此外，实验室实施内部加速器计划（不受花旗风投管理），与其他公司、创业公司以及斯坦福大学、麻省理工学院、哥伦比亚大学和加州大学伯克利分校等高校建立战略合作伙伴关系。全球创新中心网络的构建极大地提升了实验室研发解决方案的效率

① 刘佳骏.全球四大湾区特色鲜明各放异彩［N］.中国城乡金融报，2021-08-20（A07）.

续表

名称	成立者	成立年份	简介
金融解决方案实验室	摩根大通	2015	由金融服务创新中心管理，目标为鼓励研发人员在节省资金和提高信贷方面开展创新。以小组模式合作开发新的财务应用程序和工具。该项目还与Ideo.org和Ideas42等团体建立战略合作伙伴关系。实验室至今支撑的组织数量已经超过30个

（2）构建覆盖科技创新全生命周期的创新激励政策体系，激发湾区科技创新创业活力。

纽约州和纽约市政府出台了大量支持科技创新的政策，推动湾区科技成果转化。以政策效果分类，湾区的创新政策主要分为覆盖科技创新全周期的各种创新创业优惠政策，以及构建完善科技创新创业生态的间接性支持政策。

一是纽约市为科技企业提供了一套覆盖全生命周期的创新创业激励政策（表1-1-6），包括各种创业优惠、创新激励政策等。在创新创业优惠方面，出台税费抵扣、租金减免、能源补贴等普惠性政策，以及针对特定产业的专项优惠政策，如生物科技产业退税政策等，有效降低初创企业的创业成本。在创新激励政策方面，从科技成果的研发、转化到产业化阶段，纽约市政府均设有多项政策激励科技成果的转化和孵化。

表1-1-6　纽约市创新创业优惠政策

类别	具体措施
房产税和房租税优惠计划	房地产税特别减征5年计划（前3年减50%，第4年减33.3%，第5年减16.7%）；商业房租税免除计划（前3年商业房租全免，第4年免4.7%，第5年免3.3%）
曼哈顿优惠能源计划	期限12年，电费前8年减少约30%，以后每年减20%

续表

类别	具体措施
融资激励计划	实施小微企业融资补充计划,政府联合风投公司共同成立"纽约创业基金",实施小微企业贷款担保计划以及小型企业循环贷款基金
曼哈顿下城商业租金税减免优惠	曼哈顿坚尼路以南地区的新租约或续约企业可享受为期5年的特别商业租金税减征待遇
商业扩张鼓励计划（CEP）	扩张增租的企业可享受每平方英尺2.5美元的减租优惠,商业企业和非营利机构可享受优惠5年,制造企业可享受10年
纽约生物科技产业退税计划	为小型生物技术公司提供设施、营运及培训的退税优惠,每年最高退税额可达25万美元
新兴科技公司减税措施（QETC）	符合"新兴科技"定义的企业,如新媒体、传媒、信息技术、工程、高新材料、生物科技和电子等领域,能获得每年30万美元税费抵免

二是优化科技创新创业生态方面的政策,主要包括众创空间计划以及应用科学计划。其中,众创空间计划的核心在于提供低成本、开放式的办公空间,早期多是由政府资助形成传统的"科技孵化器"(如BXL、Bronx商业孵化器),随后逐渐商业化并发展为"联合办公空间"(如WeWork)。在纽约市政府的大力支持下,2019年纽约市的众创空间总数已超200个,并由曼哈顿区向外扩散;"纽约市应用科学"(Applied Sciences NYC)计划由时任纽约市市长布隆伯格于2010年首次推出,由纽约市政府提供土地和财政支持,吸引全球顶级理工类院校在纽约建立大学,或与纽约地区的大学共建科技园区,借此模式在现有优质科教资源的基础上进一步引导产研结合,推动科技成果商业化。例如纽约市为支持生命科学类企业创新而推出的一系列激励政策,为科技企业在大学、初创期、早期以及成熟期等多个阶段的创新发展提供了相应的支持(图1-1-2)。

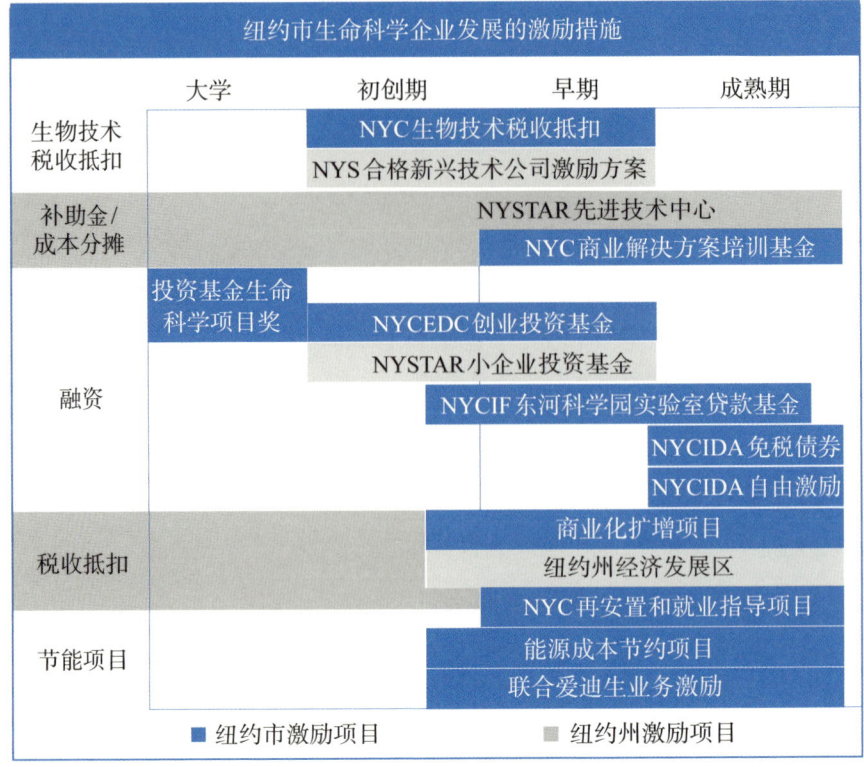

图1-1-2 纽约市支持生命科学类企业创新的激励政策

资料来源：粤开证券。

（3）借助湾区高校科研市场导向性强的优势形成三大产学研模式。

一是依托应用科学计划建设的科技园模式，如康奈尔科技园（康奈尔大学＋以色列理工学院）（图1-1-3）、城市科学与进步中心（纽约大学＋纽约工学院）、数据科学和工程学院（哥伦比亚大学）。这类科技园一方面通过加强湾区大学与全球顶尖理工类院校合作，提升湾区在应用科学领域的科研创新能力；另一方面吸引并加强与亚马逊、推特等高科技企业之间的合作交流，加快科研成果转化，将园区培育成为科技创新企业和科技成果转化的重要载体。

二是科技孵化器模式，即依托高校建设孵化器并提供各种服务和支持，促进高校、实验室的科技成果转化并进入市场，孵化初创企业。如康奈尔大学的McGovern孵化器，其依托大学为初创企业提供办公空间和场地、学校实验室设备、学生资源以及其他校内资源，同时在孵化阶段为企业提供产品和技术开

第1章 粤港澳大湾区科技成果转化面临的国际态势分析

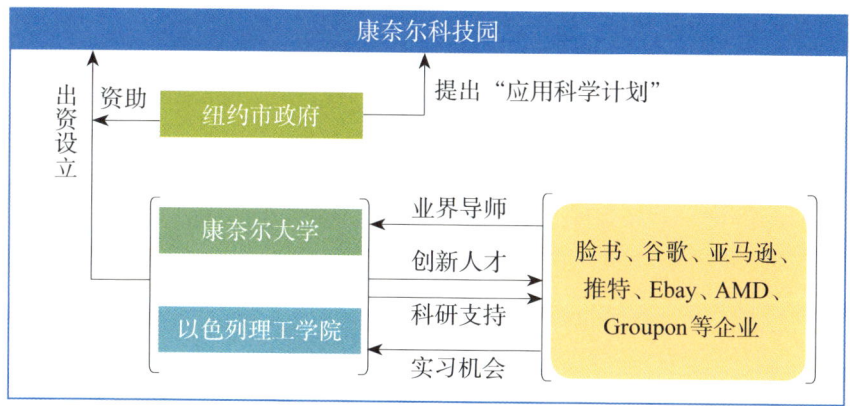

图1-1-3 康奈尔科技园孵化模式

发协助、业务计划制订、管理团队招募、融资支持等专业服务，其中以融资支持服务最为关键。McGovern孵化器可以整合康奈尔大学以及Upstate Capital、卡尤加风险基金（Cayuga Venture Fund）、Triphammer Ventures等多个合作风投机构的融资资源，且协助多个创业团队成功孵化为科创企业。

三是技术转让模式。斯坦福大学、哥伦比亚大学等高校普遍通过建立大学技术许可办公室等技术转移专职机构，负责挖掘有价值的科技成果和专利标的，并寻求、对接目标企业，协助其开展成果转化，同时建立大学、OTL、科研人员三方利益共享的科技成果转化收益分配机制，形成良性的成果转化激励机制，有效提高科技成果的转化率。

1.2.3 东京湾区：强大的产业财阀引领科技成果转化

东京湾区位于东京大都市圈内，是日本最大的工业城市群和世界重要的对外贸易中心、金融服务中心和高科技产业中心，分布着全日本50%左右的高水平大学[①]，以日本10%的国土面积创造了超过日本GDP 1/3的生产总值，贯彻实施"工业分散"战略，已形成布局均衡、以第三产业为主、高端制造业发达的产业结构体系。东京湾区中研究机构占全国的40%，研发人员更是占全国的60%，拥有高水平大学10所，进入ESI前1%的学科有69个，集中了日本70%

---

① 欧小军. 世界一流大湾区高水平大学集群发展研究：以纽约、旧金山、东京三大湾区为例［J］. 四川理工学院学报（社会科学版），2018，33（3）：83-100.

以上的重大科学基础设施（表1-1-7）[①]。湾区内的"东京-横滨"科技集群创新指数位居全球首位，筑波科学城已成为具有复合功能的科技新城、产业新城。

表1-1-7　东京湾区重大科技基础设施列表

序号	名称	领域、学科	管理机构
1	仁科加速器	物理	理化学研究所
2	SPring-8（大型同步辐射设施）	物理	理化学研究所
3	高强度质子加速器	物理	原子能开发机构
4	蛋白质发现和功能解析系统	生物医学	东京大学
5	药物研发共用装置	生物医学	东京大学
6	实验动物SPECT	生物医学	东京医科大学
7	TSUBAME2.5（绿色超算）	系统和信息	东京工业大学
8	形态分析和疾病模型设施群	生物医学	庆应义塾大学
9	核磁共振结构解析基础设施	生物医学	理化学研究所
10	核磁共振装置群	生物医学	横滨大学
11	地球模拟装置	地球科学	海洋研究开发机构
12	红外自由电子激光装置	物理	东京理科大学
13	放射线发生装置群	物理	放射线医学研究所
14	"京"及其后续机（超级计算机）	系统和信息	理化学研究所
15	研究用反应堆JRR-3	物理	原子能开发机构
16	放射光设施	物理	高能加速器机构

[①] 陈岸明，魏东原.华南地区重大科技基础设施布局的优化分析：基于国际比较的视角［J］.国际经贸探索，2020，36（10）：86-99.

续表

序号	名称	领域、学科	管理机构
17	多串联静电加速器系统	物理	筑波大学
18	粒子辐照设施（TIARA）	物理	原子能开发机构
19	核磁共振平台	生物医学	理化学研究所
20	汽车设计和出厂试验平台	汽车制造	本田汽车公司
21	原子级电磁场分析平台	电子电气	日立公司
22	红外自由电子研究装置	物理	东京理科大学
23	制药技术相关研究装置	生物医学	武田制药公司
24	制药技术相关研究装置	生物医学	第一三共公司
25	新型发动机研发和生产装置	汽车制造	尼桑汽车公司
26	电机信息技术相关研发装置	系统信息	三菱电机公司
27	医疗器械和传感器研发相关装置	生物医学、系统信息	佳能公司
28	东芝主要技术研发相关装置	系统信息	东芝公司
29	材料、化学、生物研发等研发装置	材料、化学、生物	富士公司
30	尖端材料、石油化学、能源研发装置	材料、化学、能源	住友化学公司
31	汽车制造和发动机研发相关装置	汽车制造	斯巴鲁汽车公司

（1）锻造"巨头引擎＋硬件创新"的产业生态优势。

东京湾区拥有从研发到生产各个环节的完整供应链体系，集聚了三菱、丰田、索尼、日本电气、佳能等大批世界级先进制造企业，这些企业长期以工匠精神深耕先进制造，把握上游尖端核心技术及工艺，强化自身在全球供应链的顶端优势，形成了"工业（集群）+研发（基地）"的独特发展模式，推动东京湾区成为新型材料、关键零部件等领域的全球供应中心。以制造母工厂为科技创新提供试验场，主动建立与湾区内东京大学、庆应大学等的战略合作，积极拓展产学研协作平台，培养造就一批"小巨人""隐形冠军"。湾区内行业龙头企业成立内部研发机构，投入数额巨大的研发经费以提升智造能力，湾区内企业每年的研发经费投入占比超过东京湾区研发经费的80%[①]，有效带动了企业的产品研发和科技创新。日本是较为典型的"银行主导型"金融体制，银行的间接融资占科技企业总融资的40%，东京湾区主要依靠以三菱日联银行、三井住友银行和瑞穗银行为代表的银行机构为湾区内部产业提供金融服务，扶持企业创新发展和成果转化。此外，东京湾区内强烈的"忧患意识"也不断刺激着企业探索新市场，倒逼企业不断创新。

（2）形成政府主导型"官产学研"发展体系。

东京湾区内产业界、学界与政府职能部门打破了传统分工合作模式，以资助、委托和共同研究等模式，加速实现科研成果的技术转移。中央政府和地方政府共同搭建以区域集群为手段的创新网络，通过推出产业集群计划和知识集群计划，打造覆盖东京湾区的区域创新网络，同时强化湾区内高校与产业发展之间的紧密联系，将原隶属于多个省厅的高校和研究所调整为独立法人机构，赋予高校和科研单位更大的行政权力，有效提升湾区科技成果转化效率。推动成立技术许可组织（technology licensing organization，TLO），形成高校负责科技研发，企业负责成果转化，政府负责资金和审核，TLO负责科技成果技术评估、资金运作、信息对接、申报专利、知识产权保护、税收财务咨询等工作的科技成果转化工作链条（图1-1-4）[②]。如1998年东京大学成立的TLO将其市场运作部分委托给民间企业，以使高校的技术成果能更有效地向企业转让。同时，加强千叶县产业振兴中心、神奈川县科学技术中心等科技中介组织建设，积极发挥其推动各地技术成果转化、官产学研合作的作用，以实现创新资源共享和协同创新。

[①] 李楠，王周谊，杨阳. 创新驱动发展战略背景下全球四大湾区发展模式的比较研究[J]. 智库理论与实践，2019，4(3)：80-93.

[②] 董洁，张素娟，邓奕，等. 日本科技成果转化体系研究与思考：创新发展与情报服务[C]. 北京：北京科学技术情报学会，2019：34-42.

第1章　粤港澳大湾区科技成果转化面临的国际态势分析

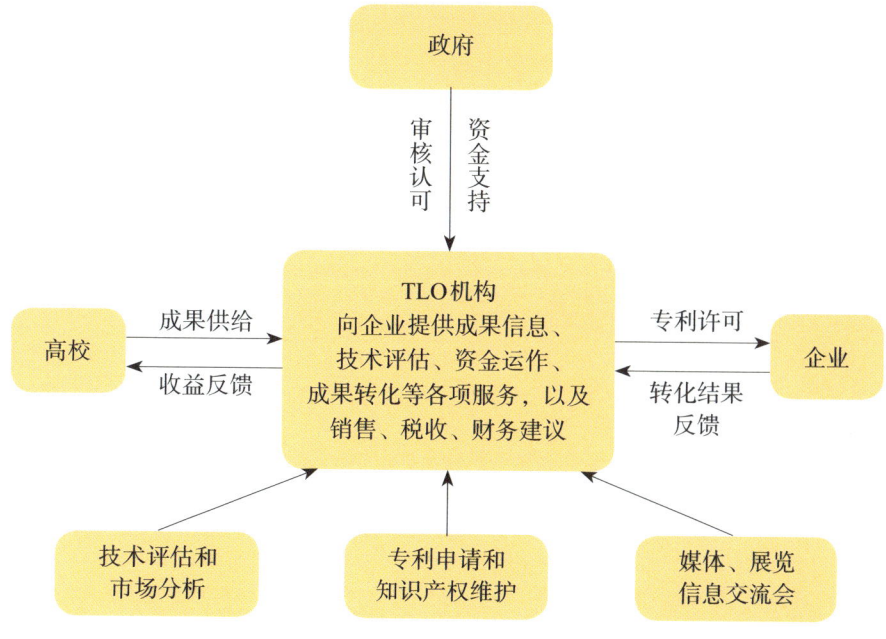

图1-1-4　日本TLO职能及运作模式①

（3）出台多部促进科技成果转化的法律法规。

东京湾区以产业政策为主，每10年为一个政策周期，政策与产业同步升级。通过政府的政策引导和推动，在信息产业、通信产业、半导体产业和汽车产业等领域，投入大量的人力、物力和财力，以此实现关键技术和核心技术的突破，并依靠技术管理机制的相互作用，加大技术市场推广及扩散力度，形成复杂多元的技术创新体系②。1995年，日本颁布《科学技术基本法》，明确提出将"科学技术创造立国"作为基本国策，开始注重基础理论和基础技术的研究开发；1998年，日本颁布《大学技术转移促进法》，推进科技成果转让中介机构TLO的设立，同时规定政府在制度与资金上要支持高校科技成果转化机构。随后，陆续出台《产业活力再生特别措施法》《中小企业技术革新制度》《国立大学法人法》《产业技术力强化法》等法律法规（表1-1-8），形成一套相对

---

① 李晓慧，贺德方，彭洁. 日本高校科技成果转化模式及启示[J]. 科技导报，2018，36（2）：8-12.
② 罗雪英，蔡雪雄. 日本国家创新体系的构建与启示：基于科技-产业-经济互动关系的分析[J]. 现代日本经济，2021，40（1）：72-82.

完善的技术转移法制体系，不仅为企业提供了各类国外技术信息，还严格规范了技术引进制度，有效规避了技术引进带来的不良影响和重复造成的低效率，为日本企业以及相关机构在技术引进、技术改进以及技术扩散等方面创造了良好的环境条件。

表1-1-8 日本支持科技成果转化政策法规

时间	名称	具体措施
1995	《科学技术基本法》	强调科学技术的振兴必须促进国立实验机构、高校、民间机构等之间的主动合作，通过研究机构和科研人员之间的相互交流，促进多样性知识的融合，激发创新。通过5年一期的科技基本计划制定产学研合作政策
1996	《科学技术振兴事业机构法》	成立科学技术振兴机构，促进科技成果转化
1998	《大学技术转移促进法》	设立科技成果转让中介机构TLO；向合规的高校科技成果转移机构给予资助以及债务担保优惠
1998	《研究交流促进法》（修订）	鼓励政府研究机构、高校和企业间的科研人员流动以及技术转移；提升高校、企业、科研机构等部门间试验研究设施的公用程度
1999	《中小企业技术革新制度》	减免专利转让费，设置研发专项资金等经费支持，建立政府、高校、企业、担保公司等多方参与的风险分担机制
1999	《产业活力再生特别措施法》	赋予高校受资助项目的专利权；通过高校等技术研究机构成果的专利所有权以及使用权的转让，促进高校研发成果向企业转移，助力企业发展
2000	《产业技术力强化法》	许可设置TLO的国立大学的设施无偿使用；允许国立大学教师和研究机构的研究人员为促使技术转移在TLO、科技成果实施企业等机构兼职

续表

时间	名称	具体措施
2002	《知识产权基本法》	规定受国家和特殊法人委托研究开发所得成果的知识产权归属于受托人；改变了国立大学的法律地位，为日本知识产权立国战略提供了法律基础和保障
2003	《国立大学法人法》	大学能以法人身份自主参与科研合作
2006	《关于促进特定尖端大型研究设施共同利用的法律》	致力于高驰特定放射光设施和下一代超级计算机的广泛利用

1.2.4 三大湾区科技成果转化模式对比分析与经验总结

从上述分析可以看出，尽管三大湾区开展科技成果转化的具体措施不尽相同，但均是基于自身发展优势，充分发挥政府、市场在科技成果转化方面的作用，大都是从优化整合创新资源、创新成果转化模式、强化政策扶持力度三个方面着手，发展经验可以总结为以下几点。

一是优化整合创新资源。重大科技基础设施建设方面，三大湾区重大科技基础设施与区域产业发展密切相关，美国两大湾区的重大科技基础设施主要依托国家实验室进行管理，例如劳伦斯利弗莫尔国家实验室和桑地亚国家实验室；日本东京湾区则有相当一部分设施依托大型企业财团进行建设与管理，并强化重大科技基础设施集群建设模式。投融资方面，美、日两国均形成了相对成熟的资本市场和较为健全的风险投资机制，纳斯达克、小企业管理局、风险投资协会三大主要资金源头以及发达的银行金融机构，为科技型企业从初创、成长、成熟到上市提供全面的金融服务。高校院所方面，三大湾区均拥有强劲的高等教育竞争力，三大湾区拥有世界排名前10的大学7所、世界排名前50的大学15所、世界排名前100的大学22所、世界排名前500的大学56所[①]，其中纽约湾区的学校在数量和质量上明显领先，旧金山湾区上榜高校数量最少但整体实力较强。

---

① 资料来源：《世界大学第三方指数研究报告（2022）》。

二是创新成果转化模式。三大湾区均重视高校、科研机构与企业的科技创新合作，推动产学研深度融合发展，构建了产学研深度融合的区域创新生态，重视技术创新成果的转化，推进产业转型升级。在机构服务方面，美国、日本建立了服务功能完善的技术转移中介服务机构，助力中小企业的科技成果转化和发展。在高校成果转化方面，美、日两国均高度重视高校科技成果转化，并形成了各具特色的技术转移模式。美国高校采用斯坦福大学首创的 OTL 模式，通过对发明人披露的发明专利进行评估、申请专利、高价值 IP 管理、市场分析、营销推介、许可以及成立初创公司等方式的转化，转化收益按 OTL 占 15%、学校占 85%（发明人、系、院各 1/3）进行分配；日本高校采用 TLO 模式，根据出资方的不同，分为财团法人形式、股份公司形式、学校法人内设 3 种模式运行。

三是强化政策扶持力度。三大湾区通过科技成果转化相关的系列法律法规，为科技成果转移转化提供了稳定的制度环境和政策基础。美国各级政府围绕科技创新全过程出台支持科技创新的法律法规，如《拜杜法案》《小企业投资促进法》等推动高校科技成果以专利许可形式进行成果转化和产业化，促进中小企业融资，实施"先进技术计划""应用科学计划"等支持高校、企业等创新主体进行科技研究与合作，通过政府采购和企业团购支持创新产品进入市场；日本出台系列促进科技成果转化的法律法规，明确高校能以法人身份自主参与科研合作，扫除高校参与科技成果转化的身份障碍。同时，美、日两国均充分发挥政府在科技成果转化中的引导作用。美国成立了国家技术转让中心和联邦实验室技术转移联合体两大政府科技成果转化机构。国家技术转让中心的主要任务是将联邦政府资助的科技成果迅速推向社会和工业企业，使之尽快实现商业化；联邦实验室技术转移联合体提供技术转移信息和实验交流的场所。日本设立了日本振兴协会和新技术开发事业团。日本振兴协会作为通产省工业技术院与产业的中间机构，是连接科研成果转让和企业的桥梁；新技术开发事业团则主要促进固定研究机构和高校的科研成果向企业转移。

1.3 我国科技成果转化行业面临六大痛点[①]

当前,我国的科技成果转化行业正面临如下六大行业痛点(图1-1-5)。

图1-1-5 当前科技成果转化机构的痛点

1.3.1 科技成果转化具有"低频、高难、非标、长线"特征

科技成果转化区别于常规商品和服务,具备"低频、高难、非标、长线"的特征。"低频"是指技术转移服务发生的频次较低,有些公司可能几年才会经历一次,而有的公司可能从未经历过。"高难"是指转化过程的复杂性和对技术人员的高要求使得技术转移难度很大,并伴随着很大的不确定性。"非标"是指每次技术转移都是独一无二的,因技术领域和转移过程的多样性,难以形成统一标准。"长线"是指技术转移通常需要经历一个漫长的周期,由于需要解决众多技术难题,可能需要数年的跟进和服务才能实现最终的产业化。技术转移存在的这些固有特征一直是阻碍技术转移行业发展的关键因素,而这也是技术转移机构需着力解决的核心问题。

[①] 廖晓东,李奎.粤港澳大湾区技术转移体系建设研究[J].决策咨询,2021(4):27-31.

1.3.2 技术转移机构面临业务变现难题

技术转移机构在运营中不仅要应对单个项目收不抵支的问题，还普遍面临业务拓展的难题。这主要表现在以下几个方面：一是国内技术转移机构难以推行中介付费模式。由于发达国家具有较为完善的诚信体系，其技术转移相关平台在开展类似服务时通常会收取一定的中介费用，例如美国 InnoCentive 机构通过对需求方收费来盈利，美国 Yet2.com 平台通过收取佣金的方式来盈利，而英国技术集团则通过自己物色科技成果并推动其实现产业化来获利。由于我国的信用体系相较于西方国家仍有较大差距，企业付费意识也尚未建立起来，导致这种中介付费模式难以为继。二是中小企业自身生存困难。我国的科技型中小企业尽管掌握了大量科技成果，但由于其面临着巨大的生存挑战，资金短缺问题时常发生，因此难以负担技术转移所带来的高昂成本。三是服务入股和股权投资模式难以变现。将科技成果以入股形式进行转化时，各有关方面对无形资产的后续评估、考核管理等难以达成统一看法，"持股难""变现难"的问题还有待进一步解决。

1.3.3 科技成果转化服务收益难以覆盖成本

在我国，技术转移机构正处于起步和探索阶段，尚未找到一套成熟的运营和盈利模式。目前，这些机构通过提供科技成果转化服务获取的收益大致占项目总额的5%~20%，平均约为10%。然而，由于科技成果的交易转化具有转化周期长、过程复杂等特征，交易前需要提供分解、整合资源信息的服务，交易过程中需要提供撮合、谈判、商务、财税、法律政策等服务，交易后则需要提供融资、熟化以及检验检测等服务，这些最终将导致服务成本高企，科技成果转化服务的项目收益也将难抵成本。

1.3.4 线下对接效率低与线上对接难落地并存

科技成果转化领域目前主要采用线上和线下两种模式进行业务对接，且大多数机构依赖传统的线下方式对接。线下对接服务通常较为复杂，不确定因素较多，专业度要求也较高，同时需要依赖强大的人际资源网络，整体对接效率较为低下。而相较于线下对接，线上对接则专注于开展技术交易和技术拍卖等业务，但真正实现科技成果的有效落地，还需要依赖线下对接来深入推进，因此，单纯的线上对接难以实现科技成果的实质性转化。目前，技术转移机构逐渐开始尝试线上线下结合的科技成果转化模式。例如，美国的Yet2虽是典型的网上技术市场，但其线下也有大量的技术专家参与项目筛选。而在国内，尽管许多机构尝试线上线下并行的模式，但由于线上平台用户活跃度低、访问量少，难以吸引流量，使得线上平台沦为"僵尸平台"，难以真正发挥线上平台的科技成果转化服务功能。线下对接的低效率和线上对接的落地难题，均在一定程度上制约了技术转移机构的健康、可持续发展。

1.3.5 科技成果转化人员队伍专业化能力不足

与常规商品不同，科技成果往往很难理解，且科技成果交易常常是一个漫长的过程，这对科技成果转化工作者的专业知识和能力都提出了较高的要求。科技成果转化人才通常需要具备跨学科的专业知识，如科技、法律、金融、会计、营销和管理等知识，同时也需要拥有广泛的社交网络和行业联系，还需要具备强大的市场分析、职业判断和项目管理能力，如此才能进行跨行业、跨区域甚至跨国别的科技成果转化。目前，我国在科技成果转化服务人才队伍建设、专业服务能力构建、项目前景评估、风险管理、投融资管理以及项目落地等方面仍存在不足之处，尤其缺乏高新科技和先进制造业等关键领域的技术人才，难以满足行业快速发展的需求。此外，资源整合能力也是影响技术转移机构能否持续运营的关键因素。科技成果转化涉及多个参与方和产业领域，单一机构难以独立完成这一任务。因此，机构内部需要突破体制障碍，吸引和培育高端及专业技术人才，探索多元化的人才培养途径；而在外部，机构应当摆脱孤立无援的状态，建立多方合作机制，提升资源整合能力，以实现协同共赢。

1.3.6 技术转移机构服务质量与水平不高

科技成果转化是实现科技成果价值、促进科技与经济融合的关键环节。《2022年中国科技成果转化报告（高等院校与科研院所篇）》显示，截至2021年末，我国的3649所高校院所中，仅有871所建立了自己的技术转移机构，占比约24%；而与市场化技术转移服务机构合作的高校院所仅有909所，占比约25%。我国技术转移服务机构在专业化能力上存在不足，这限制了其在科技成果转化过程中的作用。在我国经济正处于新旧动能转换的关键时期，创新成为推动发展的核心力量，社会对科技成果转化的需求不断增长。然而，目前我国技术转移机构的服务能力尚未达到支撑经济社会发展的要求，亟须加强技术转移服务机构的专业化建设，促进科技成果转化行业发展壮大。

第2章　粤港澳大湾区科技成果转化发展现状分析

2.1　粤港澳大湾区科技成果转化政策现状

近年来，广东和港澳地区出台了多项促进科技成果转化方面的政策措施，对粤港澳大湾区科技成果转化工作产生了显著的推动作用。

2.1.1　广东科技成果转化政策法规体系不断完善

目前，广东科技成果转移转化政策体系建设呈现进程加快、改革力度大、操作性强等特点。

一是加强立法，为促进科技成果转移转化提供法治保障。广东在全国率先出台地方性法规，为科技成果转化保驾护航，《广东省促进科技成果转化条例》（2019年修正）强调发挥企业在科技成果转化中的主体地位，进一步深化改革高校、科研机构对科技成果的自主处置权。2019年修订实施的《广东省自主创新促进条例》明确指出，对于利用财政性资金设立的科研项目所形成的职务创新成果，在不影响国家安全、国家利益、重大社会公共利益的前提下，可以由项目承担单位与科学技术人员依法约定成果使用、处置、收益分配等事项。

二是省级层面陆续出台系列改革举措。2022年广东出台《广东省技术要素市场化配置改革行动方案》（粤科区字〔2022〕249号），在深入推进科技成果转化综合改革、完善科技创新资源配置方式、建设高水平技术转移服务体系等方面提出多项重点任务；2021年出台《广东省技术经纪工程技术人才职称评价标准条件》（粤人社规〔2021〕14号），2022年在全国率先开展技术经纪工程技术人才职称评价，广东省工程系列技术经纪专业共有89位来自高校、科研机构、孵化器与双创园等单位的申报人通过评审，其中正高级职称的有7人，副高级职称的有33人，中级职称的有3人，初级职称的有46人；2020年出台的《关于进一步加大授权力度促进科技成果转化的通知》（粤财资〔2020〕31号），明确省级研发机构、高校对持有的科技成果可以自主决定转让、许可或作价投资，除涉及国家秘密、国家安全及关键核心技术外，不需报主管部门和省财政厅审批或者备案。对科技人员实施股权激励，所持企业国有股份收益分配及退出由省级研究开发机构、高等院校自主审批。此外，还出台了《关于进一步促进科技成果转移转化的实施意见》（粤府办〔2016〕118号）、《经营性领域技术入股改革实施方案》（粤府办〔2015〕46号）等专项政策。

三是在多个科技创新综合性政策中提出多项举措以促进科技成果转化，如在《广东省人民政府关于进一步促进科技创新的若干政策措施》（粤府〔2019〕1号）中，专条明确打通科技成果转化"最后一公里"的政策措施。与此同时，按国家的要求加快开展职务科技成果权属改革及单列管理改革试点，并深入研究制定职务科技成果转化尽职免责机制等。

四是在市级层面上，广州、深圳、佛山、东莞等大湾区城市也出台了科技成果转化相关政策。例如，广州出台《广州市促进科技成果转化实施办法》（穗科规字〔2022〕2号），聚焦科技成果转化的体制机制改革创新，如推动高校等事业单位建立健全科技成果收益分配激励制度，明确指出科技成果转化净收入的70%以上可以奖励给完成人。深圳颁布《深圳经济特区科技创新条例》（2020年8月），明确全部或者主要利用财政性资金取得职务科技成果的，高等院校、科研机构应当赋予科技成果完成人或者团队科技成果所有权或者长期使用权，但是可能损害国家安全或者重大社会公共利益的除外；同时，深圳出台《深圳市关于进一步促进科技成果产业化若干措施》（深府办〔2021〕1号），通过实施高质量成果"创新工程"、成果产业化"畅通工程"和"支撑工程"，以及成果产业化机制"保障工程"，推动建立符合社会主义市场经济和科技创新发展规律的科技成果产业化体系；此外，深圳还出台《深圳市技术转移和成果转化项目资助管理办法》（深科技创新规〔2023〕2号），在市科技计划中设置技术转移和成果转化项目资助，提高科技创新和技术转移服务水平。佛山出台《佛山市促进高校科技成果服务产业发展扶持办法》（佛山教育〔2023〕20号），对原始创新、中试熟化等关键环节予以扶持，构建完善的高校科技成果转化服务体系。东莞松山湖出台《东莞松山湖促进科技成果转移转化实施办法》，面向园区各创新载体精准施策，支持引进优秀科技成果产业落地、建设共性技术平台和中试验证基地等，推动科技成果转化提质增效。

2.1.2 粤港澳三地科技创新政策及规划加速融合

近年来，广东加强与香港、澳门的深度协同，通过签署合作协议、发布科技创新政策与规划、联合举办科技成果对接活动等方式，推动粤港澳三地的科技创新融合，促进科技成果在大湾区落地转化。

早在 2010 年，广东省科学技术厅和香港特别行政区政府创新科技署就签署了《共同推进粤港产学研合作协议》，其中提到要加强粤港产学研合作，协助香港的高校、研究机构来粤建立研发中心，逐步建立粤港产学研合作基地等。此后，香港特别行政区政府也采取不同措施为应用科研及科技初创企业创造有利的发展环境。2022 年 8 月，创新科技署推出"创新意念·汇聚香港"网站，提供一站式平台，以联系大学、研发中心和业界，推动技术转移及成果商品化，协助业界提升效益乃至升级转型。2022 年 12 月，创新科技及工业局发布的《香港创新科技发展蓝图》提出，要构建全球产学研协同创新平台，加速高校科研成果转化，推动"从 1 到 N"的科研成果转化和产业发展。具体措施包括：一是于 2023 年推出 100 亿元的"产学研 1+N 计划"，以配对形式资助不少于 100 个有潜质成为初创企业的高校研发团队把优秀科研成果商品化；二是加大力度鼓励高校深化与本地及海内外企业的合作，并开展更多具影响力及可转化应用的研究项目，推动高校重视技术转移文化，激励更多高校研发人员创新创业；三是鼓励高校改进现有成果转化机制，为科研团队"拆墙松绑"，积极协助科研团队把优秀的研究成果转化落地[①]。

2023 年 2 月，深圳市前海深港现代服务业合作区管理局和香港特别行政区政府商务及经济发展局联合发布《协同打造前海深港知识产权创新高地"十六条"措施的公告》，提出支持香港知识产权在前海转化运用，包括鼓励龙头企业与香港高校及研发中心在前海联合设立技术转移中心，鼓励前海技术转移中心在香港设立分支机构，支持前海企业与香港高校、研发中心通过专利转让、许可、作价入股等方式合作，并对符合条件的机构给予相应资金支持。

---

① 资料来源：《香港创新科技发展蓝图》。

在粤港澳大湾区科技成果转化发展及三地科技创新加速融合方面，澳门也采取了一定的措施来推动。澳门特区政府设有科技委员会，其职责就包括"提出有利于推动产学研合作及成果转化的措施"[①]。《澳门特别行政区经济和社会发展第二个五年规划（2021—2025年）》中提出，要推动产学研结合，建立高校供给与企业需求的技术配对平台，鼓励企业与高校携手推动产学研合作发展；促进中小企业与高等院校的合作，鼓励中小企业应用高校研发的科技产品[②]。2021年初，澳门完成对科学技术发展基金的行政法规的修改，其中一项修改内容为：增加推动和鼓励科技创新发展的措施，包括资助产业发展的研发、推广、创新项目，以及研发成果转化的科研项目等。并且，澳门科学技术发展基金大力推动科技成果转化，努力探索以市场需求为导向的产学研有机结合的发展模式，具体举措包括举办内地与澳门产学研合作路演对接会、推出产学研线上配对平台、实施企业产学研配对资助计划，并提供"线上+线下"的产学研配对服务等[③]。实际上，澳门特别行政区相关政策举措在实践中保持与广东的密切合作，例如粤澳双方于2021年起已在澳门科技周期间举办了两届内地与澳门产学研合作路演对接会。目前澳门科学技术发展基金推出的产学研线上配对平台已与内地华转网实现互联互通，拓展了广东科技专家为澳门企业提供技术服务的途径。

2.2 粤港澳大湾区科技成果转化供给现状

科技成果供给是科技成果转化的重要一环，优质的科技成果大量涌现将显著提高科技成果转化效率，实现科技成果快速转化为先进生产力。高校院所作为科技成果转化的重要主体，为支撑经济发展转型升级提供源源不断的科技成果，充分发挥出高校院所作为科技成果重要策源地的作用。

2.2.1 粤港澳大湾区科技成果产出质量与数量双提升

粤港澳大湾区专利授权量从2016年的23.06万件增长至2021年的78.3万

---

① 资料来源：澳门特别行政区第14/2023号行政法规。
② 资料来源：《澳门特别行政区经济和社会发展第二个五年规划（2021—2025年）》。
③ 资料来源：澳门科学技术发展基金官网，https://www.fdct.gov.mo/zh_tw/iurm_program.html。

件，年增长率高达40%①，科技成果产出数量增长迅速。2022年广东专利授权总量达83.73万件，居全国首位，其中，发明专利授权量为11.51万件，同比增长11.9%。截至2022年底，广东有效发明专利量达53.92万件，连续13年居全国首位，其中，高价值发明专利有效量为26.07万件，居全国首位②。在第二十三届中国专利奖评选中，广东共获奖261项，其中金奖8项，获奖总数连续5年位居全国第一③。发明专利授权量、有效发明专利量和高价值发明专利有效量显著提升，体现出大湾区科技成果产出质量不断提升。2022年粤港澳大湾区高校专利公开量共计39 638项，同比增长2.20%。其中，发明授权共计12 468项，同比增长24.42%④。粤港澳大湾区高校授权专利总量呈上升趋势，发明专利数量增加迅速，粤港澳大湾区高校科技成果质量显著提升。

2.2.2　广东高校与科研院所转化规模呈现"一增一减"态势

2022年，广东高等院校科技成果转化规模持续增长，技术合同项目数量增长明显，而科研院所科技成果转化规模呈现下降趋势，技术合同项目数量跌幅较多。高等院校方面，2022年广东高等院校共输出技术5363项，同比增长26.75%。其中，技术开发合同2076项，技术服务合同2578项，技术转让合同520项，技术咨询合同189项。以技术开发和技术服务为主的技术输出方式意味着高校越来越以市场需求为导向来发挥科研资源优势，帮助市场解决技术难题，实现科技成果转化。科研院所方面，2022年广东科研院所共输出技术6223项，同比减少1100项，下降幅度为15.02%；技术合同成交额为35.31亿元，同比减少6.39亿元，下降幅度为15.31%，平均单项技术合同成交额为56.74万元，同比下降0.20万元⑤。

2.2.3　广东高校院所科技成果转化"马太效应"显著

广东高校院所科技成果转化呈明显的"马太效应"，2022年广东技术合同

---

① 数据来源：《2022年粤港澳大湾区创新力发展报告》。
② 数据来源：《2022年广东省知识产权保护状况》白皮书。
③ 宾红霞.广东将实施知识产权质押融资"倍增计划"[N].南方日报，2023-04-25（A07）.
④ 数据来源：《粤港澳高校2022年度专利情况分析（1—12月数据）》。
⑤ 数据来源：广东省技术市场协会（由于粤港澳三地统计口径不同，此数据仅限于广东地区，不包括港澳）。

成交额排名前十的高校和科研院所，其技术合同成交总额分别占全省高校和科研院所技术合同成交额的50%以上。在高等院校方面，2022年广东省技术合同认定登记数据显示，广东高校技术合同成交额排名前十的高校，其合同成交额合计为20.84亿元，占广东高校技术合同成交额的81.22%。其中，华南理工大学技术合同成交额为10.76亿元，占全省高校技术合同成交额的41.93%。2022年广东技术合同成交额排名前十的高等院校如表1-2-1所示[①]。

表1-2-1 2022年广东技术合同成交额排名前十高等院校

排名	高等院校	合同项数	合同成交额/亿元
1	华南理工大学	1838	10.76
2	南方科技大学	121	2.15
3	中山大学	357	2.05
4	暨南大学	269	1.20
5	华南农业大学	265	1.17
6	广东工业大学	272	1.15
7	深圳大学	177	0.79
8	清华大学深圳国际研究生院	51	0.59
9	佛山科学技术学院	88	0.51
10	广州大学	235	0.47

在科研院所方面，2022年技术合同成交额排名前十的科研院所的合同成交额共计为20.29亿元，占全省科研院所合同成交额的57.46%。广东省科研院所技术合同成交额前三名分别为珠江水利委员会珠江水利科学研究院、生态环境部华南环境科学研究所、中国科学院深圳先进技术研究院，合同成交额分别5.98亿元、3.48亿元及2.62亿元，分别占广东省科研院所技术合同成交额的

---

① 资料来源：澳门科学技术发展基金官网，https://www.fdct.gov.mo/zh_tw/iurm_program.html.

16.94%、9.85%、7.42%。2022年广东技术合同成交额排名前十的科研院所如表1-2-2所示[①]。

表1-2-2　2022年广东技术合同成交额排名前十科研院所

排名	科研机构	合同项数	合同成交额/亿元
1	珠江水利委员会珠江水利科学研究院	441	5.98
2	生态环境部华南环境科学研究所	381	3.48
3	中国科学院深圳先进技术研究院	93	2.62
4	广东省水利水电科学研究院	289	2.54
5	深圳清华大学研究院	48	1.39
6	粤港澳大湾区数字经济研究院（福田）	3	1.13
7	广州市交通规划研究院	47	1.03
8	深圳华大生命科学研究院	8	0.80
9	广州特种承压设备检测研究院	748	0.74
10	深圳湾实验室	6	0.58

2.2.4　广东省电子信息、城建发展及生物医药领域转化最为活跃

粤港澳大湾区科技成果转化行业分布广泛且多数行业转化活跃。其中，电子信息技术、城市建设与社会发展、生物医药和医疗器械技术的转化活跃度最高。以广东省的技术合同登记情况为例，2022年电子信息领域的技术合同项目数为20 685项，占广东省技术合同项数的44.65%；合同成交额为2301.65亿元，占比为51.03%；技术成交额为1811.12亿元，占比为68.21%。城市建设与社会发展领域、生物医药和医疗器械领域的技术合同项数分别为5581项和

[①] 数据来源：广东省技术市场协会（由于粤港澳三地统计口径不同，此数据仅限于广东地区，不包括港澳）。

4903项。2022年广东科研院所各领域技术合同项数及金额如表1-2-3所示①。

表1-2-3　2022年广东科研院所各领域技术合同项数及金额

技术领域	合同项数	合同成交额/亿元	技术交易额/亿元
电子信息技术	20 685	2301.65	1811.12
城市建设与社会发展	5581	391.13	81.91
现代交通	690	612.56	90.70
先进制造技术	3897	216.68	171.31
新能源与高效节能	4529	500.94	124.30
环境保护与资源综合利用技术	2929	114.43	72.73
生物医药和医疗器械技术	4903	138.36	134.06
新材料及其应用	1437	113.15	72.79
航空航天技术	206	100.69	78.55
农业技术	1434	8.46	6.51
核应用技术	32	12.71	11.14

2.3　粤港澳大湾区科技成果转化需求现状

科技成果转化的过程本质上是技术供给与市场需求对接的过程。企业、高校、科研机构等创新主体的研发活动应以"需求"为导向，以"用"为出发点和落脚点，创造符合市场行情和战略发展的新技术、新工艺、新产品，促进技术供给方与技术需求方精准对接，加速实现成果转化和价值变现。

---

① 数据来源：广东省技术市场协会（由于粤港澳三地统计口径不同，此数据仅限于广东地区，不包括港澳）。

2.3.1 企业对高校院所成果转化需求大幅上升

企业对高校院所的科研力量和科技成果的需求大幅上涨,在技术研发、技术转移、成果转化等方面与高校院所的交流合作更加密切。2022年广东省高校院所研发支出经费中来自企业的资金大幅度上涨(表1-2-4),根据《中国区域创新能力评价报告2022》[①],广东高校和科研院所研发经费内部支出额中来自企业的资金额为253.94亿元,同比增长215.08亿元,提高了553.55个百分点;来自企业的资金占比由2021年的13.04%上升至2022年的77.65%,提高了495.48个百分点。广东省产学研合作进一步深化,市场主导作用进一步发挥,企业作为技术市场中最大的需求主体,有效激活了高校院所的科研力量和创新源泉,充分带动了高校院所的技术研发和成果转化,有力促进了科技事业的发展和技术市场的繁荣。

表1-2-4 广东省高校院所研发支出经费来自企业资金情况

指标	2021年	2022年	增幅/%
高校院所研发经费内部支出额中来自企业的资金/亿元	38.8555	253.9382	553.55
高校院所研发经费内部支出额中来自企业资金的比例/%	13.04	77.65	495.48

2.3.2 "双十"战略性产业集群技术需求旺盛

2022年广东省技术合同主要集中在电子信息技术、城市建设与社会发展、生物医药和医疗器械技术、新能源与高效节能、先进制造技术、环境保护与资源综合利用技术、新材料及其应用、农业技术、现代交通、航空航天技术、核应用技术等技术领域。从按技术领域来划分的珠三角地区技术合同登记情况来看(表1-2-5),2022年珠三角地区属于"双十"战略性产业的技术合同项数占比为86.45%,相关企业技术需求较为旺盛。具体而言,战略性支柱产业的

---

① 中国科技发展战略研究小组,中国科学院大学中国创新创业管理研究中心. 中国区域创新能力评价报告2022[R]. 北京:科学技术文献出版社,2022.

技术合同数占技术合同总数的58.33%，其中电子信息技术领域登记技术合同20 685项，占比44.65%；生物医药和医疗器械技术领域登记技术合同4903项，占比10.58%；农业技术领域登记技术合同1434项，占比3.10%。战略性新兴产业的技术合同数占技术合同总数的28.12%，其中新能源与高效节能领域登记技术合同4529项，占比9.78%；先进制造技术领域登记技术合同3897项，占比8.41%；环境保护与资源综合利用技术领域登记技术合同2929项，占比6.32%；新材料及其应用领域登记技术合同1437项，占比3.10%；航空航天技术领域登记技术合同206项，占比0.44%；核应用技术领域登记技术合同32项，占比0.07%。

表1-2-5　2022年珠三角地区技术合同登记情况表（按技术领域划分）

技术领域	技术类别	占比/%	合计/%
战略性支柱产业	电子信息技术	44.65	58.33
	生物医药和医疗器械技术	10.58	
	农业技术	3.10	
战略性新兴产业	新能源与高效节能	9.78	28.12
	先进制造技术	8.41	
	环境保护与资源综合利用技术	6.32	
	新材料及其应用	3.10	
	航空航天技术	0.44	
	核应用技术	0.07	
其他领域	城市建设与社会发展	12.05	13.54
	现代交通	1.49	

2.3.3　技术开发需求占比远高于技术转让需求

技术合同类型包括技术开发、技术转让、技术咨询和技术服务，其中涉及科技成果转化的技术合同主要为技术开发类和技术转让类。从按合同类型划分的珠三角地区技术合同登记情况来看（表1-2-6），2022年珠三角地区技术开发需求占比远高于技术转让需求，其中技术开发合同18 749项，占比40.47%；合同成交额1591亿元，占比35.27%；技术交易额1309亿元，占比49.31%。技术转让合同2422项，占比5.23%；合同成交额555亿元，占比12.30%；技术交易额531亿元，占比19.98%。数据结果表明，当前珠三角地区科技成果转化以直接转化方式为主，即以企业实际需求为导向进行技术研发并实现成果转化，而通过对已有技术进行转让以实现成果转化的间接转化方式占比较小。

表1-2-6 2022年珠三角地区技术合同登记情况表（按合同类型划分）

技术合同类型		技术合同项数	合同成交额/亿元	技术交易额/亿元
技术开发	数值	18 749	1591	1309
	占比/%	40.47	35.27	49.31
	增长率/%	-1.70	13.67	-1.04
技术转让	数值	2422	555	531
	占比/%	5.23	12.30	19.98
	增长率/%	17.17	-26.75	-25.00
技术咨询	数值	3520	46	45
	占比/%	7.60	1.01	1.69
	增长率/%	-37.12	10.00	8.71
技术服务	数值	21 632	2319	770
	占比/%	46.70	51.42	29.02
	增长率/%	1.36	11.65	-33.73

技术咨询和技术服务的合同项数占总数比重相对较高，但技术交易额占总额比重相对较低。其中，技术合同共计25 152项，占比为54.3%；技术合同交易额共计815亿元，占比为30.71%，两者相差23.59个百分点。符合技术咨询和技术服务发生频次高、合同金额小的特点。

2.3.4 广深两市企业技术需求远高于其他地区

广州和深圳作为珠三角地区科技创新和成果转化的主力军，技术需求最为旺盛。从按地市划分的珠三角地区技术合同登记情况来看，广深两市技术交易规模远超其他地区，技术合同登记量占珠三角地区总量的82.19%，合同成交额占珠三角地区总量的93.6%，技术交易额占珠三角地区总量的91.37%。广州市技术交易规模位居榜首，占据珠三角地区的半壁江山，但相较于2021年有所下降，登记技术合同23 389项，同比下降7.98%；合同成交额2646亿元，同比增长9.65%；技术交易额1079亿元，同比下降26.96%。深圳市技术交易规模紧随其后，登记技术合同14 685项，同比下降3.92%；合同成交额1576亿元，同比下降3.14%；技术交易额1347亿元，同比下降15.21%（表1-2-7）。

表1-2-7 2022年珠三角地区技术合同登记情况表（按地市划分）

地市	技术合同项数			合同成交额			技术交易额		
	项数	占比/%	同比增长率/%	成交额/亿元	占比/%	同比增长率/%	交易额/亿元	占比/%	同比增长率/%
广州	23 389	50.49	-7.98	2646	58.66	9.65	1079	40.64	-26.96
深圳	14 685	31.70	-3.92	1576	34.94	-3.14	1347	50.73	-15.21
佛山	4876	10.53	3.31	20	0.44	-9.73	16	0.60	-1.73
江门	893	1.93	46.39	18	0.40	91.98	15	0.56	68.80
惠州	753	1.63	25.50	27	0.60	34.09	25	0.94	31.51
珠海	628	1.36	36.52	98	2.17	6.43	56	2.11	37.73
中山	519	1.12	16.37	24	0.53	23.31	20	0.75	8.27
东莞	397	0.86	11.52	96	2.13	41.60	94	3.54	50.74
肇庆	183	0.40	-1.08	6	0.13	23.20	3	0.11	7.93
合计	46 323	100	-3.65	4511	100	5.49	2655	100	-17.91

珠三角其他地区的技术需求也迎来上涨，江门、珠海、惠州、中山、东莞的技术交易规模增长较快，技术合同登记量、合同成交额、技术交易额三大指标均有所提升。其中江门市技术交易规模涨幅最大，登记技术合同893项，同比增长46.39%；合同成交额18亿元，同比增长91.98%；技术交易额15亿元，同比增长68.80%。

2.3.5 企业之间的技术转移需求高于校企之间

2022年广东省技术合同登记主体主要为企业，企业之间的技术转移需求和技术交易规模远大于企业与高校院所之间。从按登记主体划分的广东省技术合同登记情况来看（表1-2-8），企业登记技术合同28 527项，占比59.57%；合同成交额4443.27亿元，占比98.18%；技术交易额2587.86亿元，占比97.16%。高校登记技术合同5363项，占比11.20%；合同成交额25.66亿元，占比0.57%；技术交易额23.5亿元，占比0.88%。研究院所登记技术合同6223项，占比12.99%；合同成交额35.31亿元，占比0.78%；技术交易额32.76亿元，占比1.23%。企业的技术合同项数约为高校院所的2.5倍，合同成交额约为高校院所的73倍，技术交易额约为高校院所的46倍。数据结果表明，广东省技术转移和成果转化的创新主体以企业为主。高校院所参与程度不高、转移规模较小、转化效率较低等问题仍待解决。

表1-2-8　2022年广东省技术合同登记情况表（按登记主体划分）

登记主体	技术合同项数	技术合同项数占比/%	技术合同成交额/亿元	合同成交额占比/%	技术交易额/亿元	技术交易额占比/%
企业	28 527	59.57	4443.27	98.18	2587.86	97.16
高校	5363	11.20	25.66	0.57	23.5	0.88
科研院所	6223	12.99	35.31	0.78	32.76	1.23
其他事业单位	7779	16.24	21.18	0.47	19.45	0.73
合计	47 892	100	4525.42	100	2663.57	100

2.4 粤港澳大湾区科技成果转化机构现状

2.4.1 大湾区技术转移机构数量稳中有升

一是国家技术转移示范机构的数量逐步增加。如表1-2-9所示，2008—2015年，科技部分6批次在全国范围内共评选出了455家国家技术转移示范机构，推动科技成果转移转化行业的发展。在此基础上，科技部自2010年开始每两年对国家技术转移示范机构进行考核评价，引导国家技术转移示范机构高质量发展，提升国家技术转移示范机构的服务能力。目前，广东共有国家技术转移示范机构31家，数量仅次于北京和江苏，全国排名第三（表1-2-10）。2020年，广东省31家国家技术转移示范机构共促成技术转移项目21 068项，成交金额达37.55亿元，占全省技术合同成交额的1.08%。截至2020年末，广东国家技术转移示范机构共有从业人员4384人，其中专职从事技术转移人员1167人，技术经纪人374人[①]。

表1-2-9　2008—2015年国家技术转移示范机构数量　　　　单位：家

地区	第一批 2008年	第二批 2009年	第三批 2011年	第四批 2012年	第五批 2014年	第六批 2015年
全国	76	58	68	74	95	84
广东	4	5	5	4	7	8

表1-2-10　我国主要地区国家技术转移示范机构数量　　　　单位：家

省（直辖市）	北京	江苏	广东	上海	四川	浙江	陕西	湖北	山东
数量	58	45	31	26	22	21	21	20	18

---

① 张宗法，周慊，陈敏，等.广东国家技术转移机构发展现状、问题和对策[J].科技创新发展战略研究，2021，5(4)：10-15.

从区域分布情况来看，广东省31家国家技术转移示范机构全部分布在珠三角地区，并集中分布于广深两市，其中广州13家、深圳11家、东莞3家、中山3家、佛山1家（表1-2-11）。而从广深两市的技术合同登记情况来看，2022年广深两市技术合同登记项数为38 074项，占全省技术合同登记项数的82.19%；合同成交额为4222亿元，占全省技术合同成交额的93.6%。由此能够看出，广东省的科技成果转化主要集中于广深两市。

表1-2-11　广东省国家技术转移示范机构名单

序号	国家技术转移示范机构	地市
1	华南理工大学工业技术研究总院	广州市
2	广州产权交易所广州技术产权交易中心	广州市
3	广东省自动化与信息技术转移中心	广州市
4	广州中国科学院工业技术研究院	广州市
5	广东省农业技术转移与扩散中心	广州市
6	广东华中科技大学工业技术研究院	广州市
7	中国科学院广州能源研究所	广州市
8	广州博士信息技术研究院有限公司	广州市
9	电子科技大学广东电子信息工程研究院	东莞市
10	佛山中国科学院产业技术研究院	佛山市
11	中山市工业技术研究中心	中山市
12	中国科学院广州生物医药与健康研究院	广州市
13	广州现代产业技术研究院	广州市
14	中山市北京理工大学研究院	中山市
15	中山大学技术转移中心	广州市
16	东莞中国科学院云计算产业技术创新与育成中心	东莞市

续表

序号	国家技术转移示范机构	地市
17	中国科学院广州技术转移中心	广州市
18	广东省微生物研究所	广州市
19	东莞深圳清华大学研究院创新中心	东莞市
20	中山康方生物医药有限公司	中山市
21	深圳先进技术研究院工程中心	深圳市
22	深圳市南方国际技术交易市场有限公司	深圳市
23	深圳联合产权交易所	深圳市
24	深圳清华国际技术转移中心	深圳市
25	深港产学研基地产业发展中心	深圳市
26	深圳市南山科技事务所	深圳市
27	深圳中国科学院知识产权投资有限公司	深圳市
28	深圳大学技术转移中心	深圳市
29	深圳市对接平台科技发展有限公司	深圳市
30	深圳市华创科技创新成果产业转化中心	深圳市
31	清华大学深圳研究生院技术转移办公室	深圳市

二是广深两市发力助推技术转移服务体系建设。广州市坚持政府引导，以市场为主体，积极推进建设科技成果转移转化服务体系，构建科技成果转化的良好生态。截至2020年末，广州市设有12个国家级技术转移机构和1个国家级创新驿站，同时拥有58家省百强科技服务业的企业（机构），占全省总数的53.7%。截至2020年末，广州市已经成功建立了超过3100个省级及以上的创新平台，形成了涵盖科学研究平台、技术研发平台、创新孵化平台及科技公共服务平台等多层次、宽领域的创新平台服务体系。同时，全市的省级新型研发机

构数量达到 63 家，居全省首位。截至 2023 年上半年，广州市的科技企业孵化器数量达到 423 家，众创空间 345 家，环五山、环中大和南沙科技成果转化基地建设有序推进，打造科技成果转化的良好生态。深圳市坚持以科技创新为导向，持续赋能科技成果转移转化，积极响应科技部提出的技术转移"2+N"格局，建设国家技术转移南方中心（深圳），致力于将其建设成为具有全球影响力的国际技术转移和知识产权运营大平台，为技术转移的合作者和创业者提供一站式服务。截至 2021 年末，深圳市已登记备案技术转移机构 93 家，其中，国家技术转移示范机构 11 家，市级技术转移机构 82 家，包括 54 家独立运作的企业法人或其内设机构（其中国家级 4 家），45 家事业法人及社团法人（其中国家级 7 家），1 家民办非企业机构。

三是高校自建技术转移机构方兴未艾。2020 年 5 月，科技部、教育部发布了《关于进一步推进高等学校专业化技术转移机构建设发展的实施意见》（国科发区〔2020〕133 号），支持高校建立技术转移机构，明确成果转化职能，协助高校科技成果转化落地。据不完全统计，大湾区已有 13 所高等院校自建了技术转移中心（表 1-2-12），确保了学校的产学研工作能够立足于市场需求，为科技成果的保护、管理、运营和转移转化等提供全方位的服务。目前，越来越多的大湾区高校相继建立技术转移机构，主要服务于本校科技成果向市场的转移转化，成效逐渐凸显。

表 1-2-12　大湾区部分高校自建技术转移机构名单

序号	自建技术转移机构名称
1	香港大学技术转移处
2	香港科技大学知识转移办公室
3	香港城市大学技术转移中心
4	香港浸会大学知识转移处
5	澳门大学研究服务及知识转移办公室
6	中山大学技术转移中心
7	华南理工大学科技成果转化办公室

续表

序号	自建技术转移机构名称
8	华南理工大学科技合作与转化处
9	华南理工大学广州现代产业技术研究院
10	南方科技大学技术转移中心
11	广州大学城（广工）科技成果转化中心
12	广州大学科技成果转移转化中心
13	华南农业大学技术成果转移转化中心
14	佛科产业技术转化研究院
15	东莞理工学院科技资源大数据与科技成果转化中心

以南方科技大学为例，南方科技大学通过自建技术转移中心，充分利用高校创新平台资源，深化学校与地方政府和企业间的沟通交流，通过学校优势学科与市场发展需求的紧密结合，实现优势互补和互惠共赢，推动科技创新、科技成果转化，实现双方可持续发展。一是开展了专利导航工作，率先布局高质量专利申请，2022年南方科技大学共提交发明专利申请957项，同比增长7.5%，技术合同登记额同比增长25.74%。二是通过知识产权全生命周期运营和科技成果转化有效支撑了区域内产业的升级发展。截至2022年12月，已开展1100余项校企横向合作，合同总金额超过12.9亿元。成立联合科技机构85家，与华为、中兴、优必选、富士康等龙头企业签订实质性合作协议。三是注重和加强产学研结合，积极与市场主体共建企业联合实验室。以市场为导向，结合市场需求重点开展产品的关键技术研究及相关的产品开发，弥补企业技术研发实力的不足，缓解高校研发方向与市场不匹配的现状。

2.4.2 技术转移机构的类型呈现多样化态势

我国2008年颁布的《国家技术转移示范机构评价指标体系（试行）》指出，技术转移机构是为实现和加速技术转移提供各类服务的机构，包括技术经济、技术集成与经营和技术融资等服务机构。技术转移机构服务内容多样化，服务形式新颖化，相应地，其机构类型也呈现出多样化的态势。

以广东 31 家国家技术转移示范机构的情况为例，根据不同的法人类型进行划分，有 18 家为市场化运作企业法人机构，12 家为事业法人机构，另有 1 家为社团法人机构；根据机构的主体性质划分，有 5 家高等院校技术转移机构、4 家科研院所技术转移机构、16 家政府部门所属机构、1 家技术（产权）交易机构以及 5 家独立第三方市场化机构（图 1-2-1）。政府部门所属的技术转移机构主要包括科技开发交流中心、生产力中心、成果转化中心、咨询中心、检测中心等具有部分政府职能的机构，如广东省农业技术转移与扩散中心、深港产学研基地产业发展中心等。

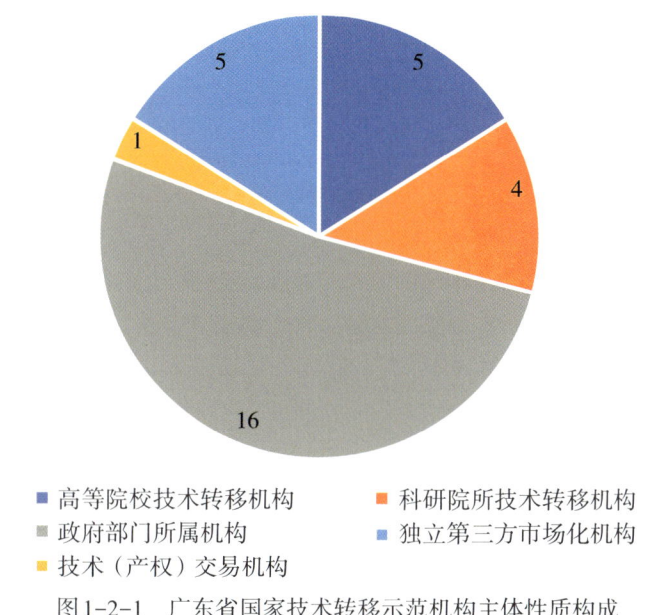

图 1-2-1　广东省国家技术转移示范机构主体性质构成

2.4.3　技术转移机构建设发展仍面临困境

近年来，粤港澳大湾区在技术转移机构培育方面开展了大量工作，推进了华南技术转移中心和国家技术转移南方中心的建设；培育了技术产权交易服务枢纽型平台；在华南理工大学、中山大学等省内高校院所培育建设了一批专业化的技术转移机构；同时支持民营中介服务机构发展，涌现集聚了高航网、博士科技等市场化、专业化的技术服务机构。在多年的深耕中，广东省技术转移机构发展成果突出，在科技成果转移转化方面的表现多年位居全国前列。

2020年以来，随着科技成果转化补贴政策的陆续退出，加上疫情、经济下行压力大等多重因素影响，粤港澳大湾区多家技术转移服务机构出现业务萎缩的现象，面临严峻的生存困境，部分技术转移服务机构由于经营不善等多方面原因已破产倒闭。

从我国技术转移服务机构多年的发展情况看，技术转移服务机构发展主要存在以下特征：一是不少高等院校、科研院所成立的技术转移机构管理属性明显大于服务属性，转化动力难以有效激活。高校资产经营公司因国资属性而面临较强制度刚性，不适应科技成果转化难度高、风险高、不确定性高的特点，抑制了科技成果转化的积极性[1]。二是绝大多数企业没有设立技术转移机构或技术转移岗位。其原因主要在于绝大多数企业的创新能力不强，研发转化的科技成果有限，加上企业对于运营成本等各方面因素的考虑，使得企业没有设立相应的技术转移机构或技术转移部门的意愿，没有成为技术创新和科技成果转化的主体。三是社会技术转移服务机构发展不发达，以技术转移为业的专业机构和复合型高端技术经纪人更是凤毛麟角。当前科技成果转化存在的"低频、高难、非标、长线"等固有难题，在一定程度上制约了技术转移服务机构的发展，此外，国家缺乏对商业化复合型技术转移人才的培养，在一定程度上影响了技术转移机构专业服务能力的提升，限制了技术转移机构科技成果转化业务的发展。

2.5 粤港澳大湾区科技成果转化人才现状

技术经纪人是加速产学研深度融合的重要力量，对推动创新资源和产业要素有机协同配置具有重要意义。大湾区作为技术经纪人才集聚地，长期以来重视对技术经纪人的培养，引导更多人才为科技成果转化提供高质量专业服务。

2.5.1 技术经纪人已被纳入国家职业分类大典

2022年，技术经纪人作为新职业正式被纳入《中华人民共和国职业分类大典》，这标志着大力培育科技成果转移转化人才已成为建设科技成果转化体

---

[1] 胡飞.推进技术转移机构改革 激发高校成果转化活力[J].科技中国，2022，(1)：16-18.

系的重要内容。为进一步加强广东技术转移体系建设，提升技术转移人员专业水平和技术能力，广东省人社厅和科技厅在2022年联合组织开展广东首次技术经纪专业职称评审，作为接受继续教育、考核、上岗、录用、职务晋升的依据，共认定89人，并在2023年连续开展职称认定工作。为增强行业认同感和规范引领，华南技术转移中心联合广东省技术市场协会启动首届"广东省十佳技术经纪人"人才遴选活动，为行业树立标杆。为改善产业园区技术经纪服务和提升其在服务市场的知晓度、美誉度，广东省科学院产业技术服务中心打造技术经纪人科技驿站，陆续落地华南新材料创新园、广州鼎盛智谷产业园、平安（增城）科技硅谷、清远高新区科技驿站；华南技术转移中心开展"广东省技术经纪人入企入园"系列品牌活动，组织技术经纪人才到华南植物园、南沙科技创新中心、拓思软件园等产业园区交流。

2.5.2 技术经纪人才队伍建设培养渐成体系

市场化技术经纪培训不仅能够反映技术经纪人才成长需求，还能展现区域对专业服务人才和科技成果转化的需求，更能迅速响应最新人才培养需求，提供最前沿能力培训服务。当前广东已初步形成以国家技术转移人才培养基地（广东）、国家技术转移南方中心（深圳）等"国字号"为引领，以广东科技创新培训中心、华南技术转移中心等省级服务平台为重要支撑的技术经纪人才培养体系。

2.5.3 技术经纪人普遍具有较高学历或职称

广东省技术市场协会承担着技术经纪人才管理的职责，通过选取已入库的技术经纪人为代表进行样本分析，通过备案563人，有效分析样本413人，其中来自珠三角地区的有388人，占比93%，以此为样本分析科技成果转化人才情况。

技术经纪需要多学科、复合型人才，要求从业人员有较强的学习能力，对学历、职称等专业技术能力有一定要求。珠三角地区的技术经纪人基本以本科学历、中级职称以上的人员为主。不同金额的技术合同一定程度上反映出技术交易的难度和技术经纪人的能力、意愿以及服务回报。虽然更容易促成小额交易，但是技术转移具有低频、高难等特征，容易导致服务回报较低，降低技经纪人的服务积极性和意愿。如图1-2-2所示，从学历上看，在不同金额区间的技术交易中，技术经纪人基本以本科以上为主，说明珠三角地区的技术经纪人整体素质较高。从职称上看，也基本以中级职称为主，但是出现较多无职称人员，原因是技术经纪人职业化发展起步晚，大部分企业技术经纪人的职称认定途径少且受重视程度低。随着技术经纪职称认定的开展，这一现象将有所改善。

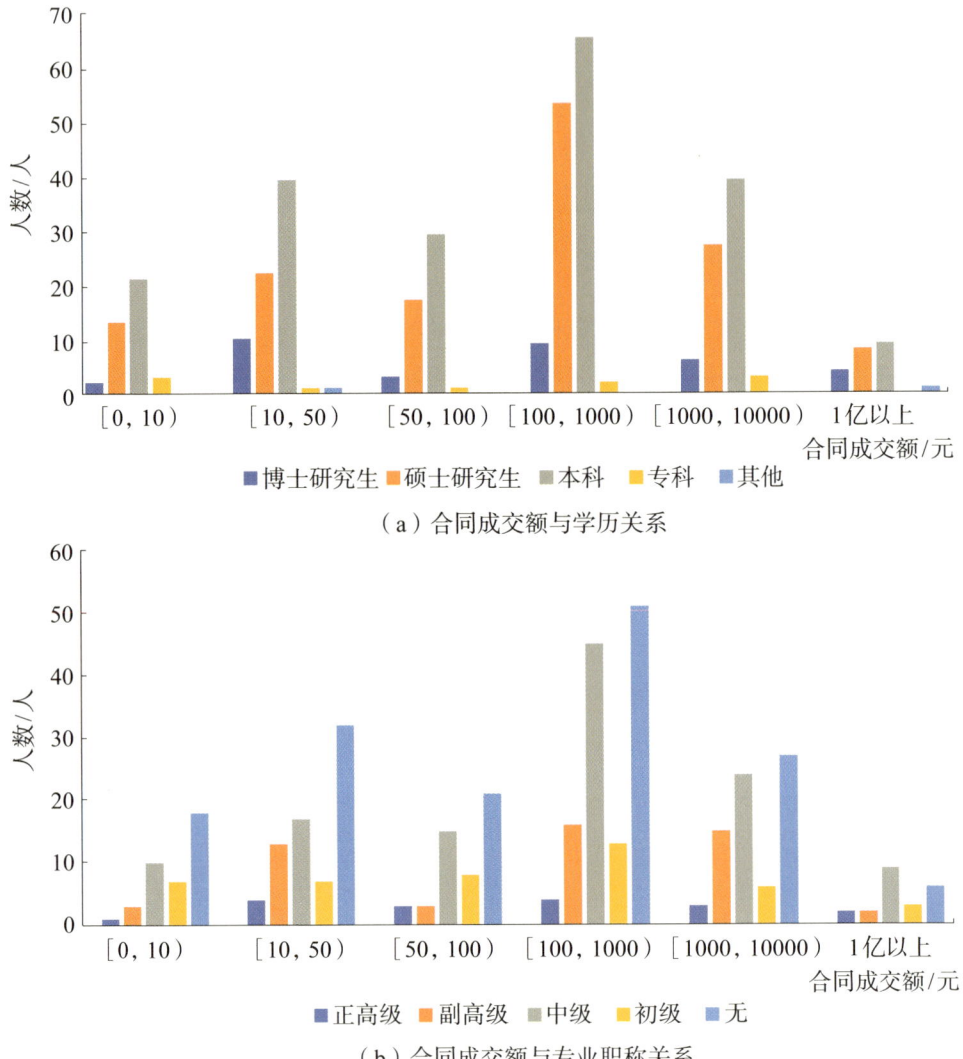

（a）合同成交额与学历关系

（b）合同成交额与专业职称关系

图1-2-2 珠三角地区技术合同成交额与技术经纪人学历、专业职称关系

2.5.4 技术经纪人才服务行业领域较为广泛

珠三角地区入库技术经纪人服务方向和产业领域覆盖面广，基本可以满足由科技成果转化复杂性带来的多样化服务需求。从技术经纪人所提供的服务类别来看（图1-2-3），可分为4大类和18小类。需求端服务能力（26.56%）包括技术需求甄别与分析、技术对接、国际技术转移等服务；成果端服务能力（21.86%）包括技术研发、技术评估评价、专利运营等服务；产业化服务能力（20.20%）包括中试熟化与技术集成、创业孵化、行业与政策研究、企业并购等服务；商业化服务能力（22.04%）包括商业策划、商务（合同）谈判、投融资、市场调研、财会与税务等服务；综合服务能力（9.35%）包括法律、高层次人才引进和其他服务。由此看出，技术经纪人服务能力种类丰富，基本上涵盖了科技成果转化全过程所需服务，且能力分布较为均匀。其中，技术对接占

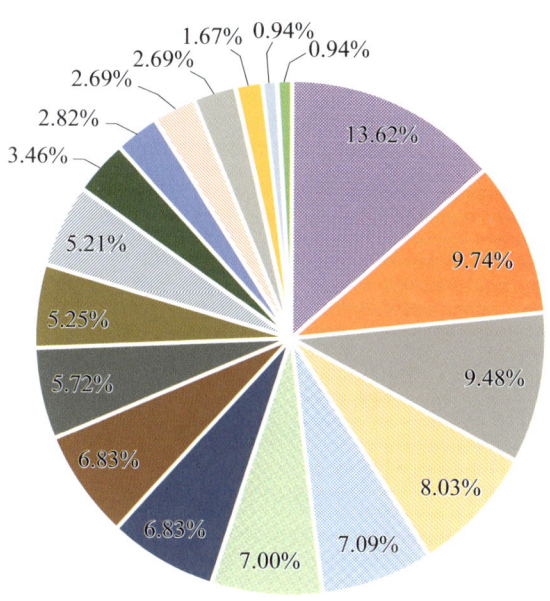

图1-2-3　珠三角地区技术经纪人服务类别

比最高（13.62%），说明对接服务是科技成果转化中较为具有共性的需求，且需求频次高，也是技术经纪人应当具备的能力。

根据已入库技术经纪人熟悉的服务领域的统计结果（图1-2-4），先进制造（10.62%）、新材料（10.57%）、电子信息（10.05%）、高端装备制造（9.28%）、新能源（8.71%）、节能环保（8.61%）、生物医药（7.06%）等广东省"双十"战略产业成为主要服务领域（总占比64.9%）。这说明技术经纪人紧跟产业发展需求促进科技成果转化，而且"双十"战略产业是其熟悉的服务领域，能够提供专业的服务支撑。

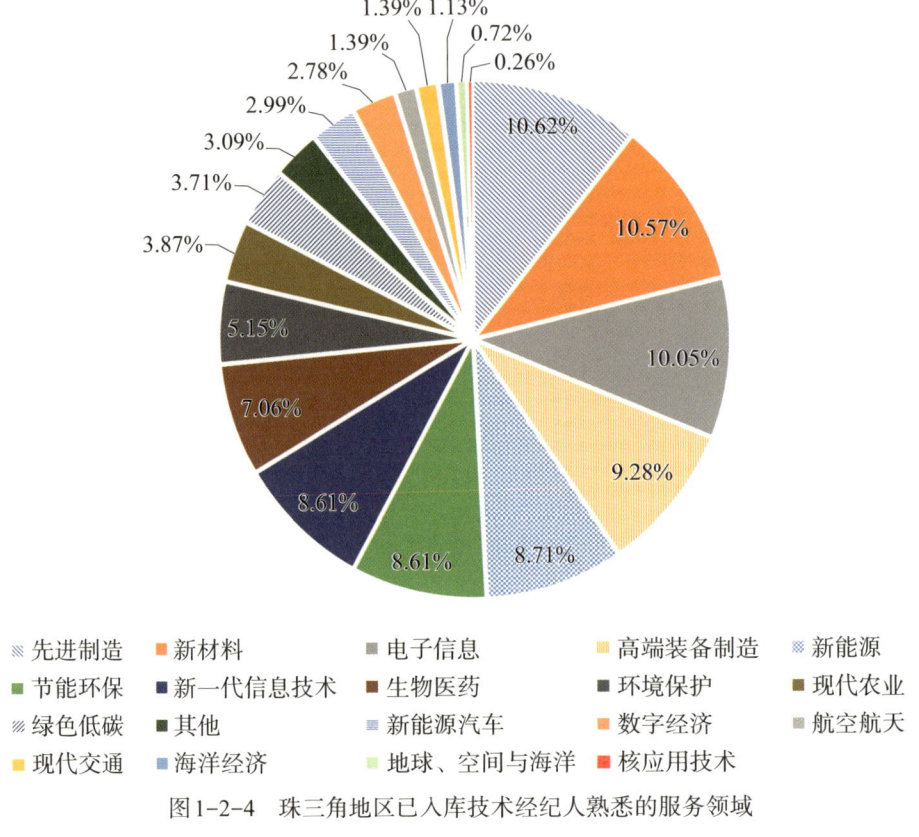

图1-2-4　珠三角地区已入库技术经纪人熟悉的服务领域

2.5.5　来自企业的技术经纪人发挥主力作用

根据广东省技术市场协会技术经纪人才入库数据，可将人才分布机构分为企业、高校、科研院所、行业组织、政府部门等五大类，反映出技术经纪人才分布较广，各种性质的单位都在积极参与科技成果转化。如图1-2-5所示，在促成技术合同数和技术合同实际成交额方面，来自企业的技术经纪人在技术经济服务领域中的数量和质量在各个区间都基本处于领先位置（占比46.21%），是技术经纪人队伍的主力军，反映出广东技术经纪人才紧贴市场和产业需求。其次是来自科研院所和高校的技术经纪人（占比合计39.60%），说明高校院所十分重视科技成果转化工作，并取得积极进展。在不同金额的技术交易中，基本保持以企业为主、高校院所为重要支撑的格局。

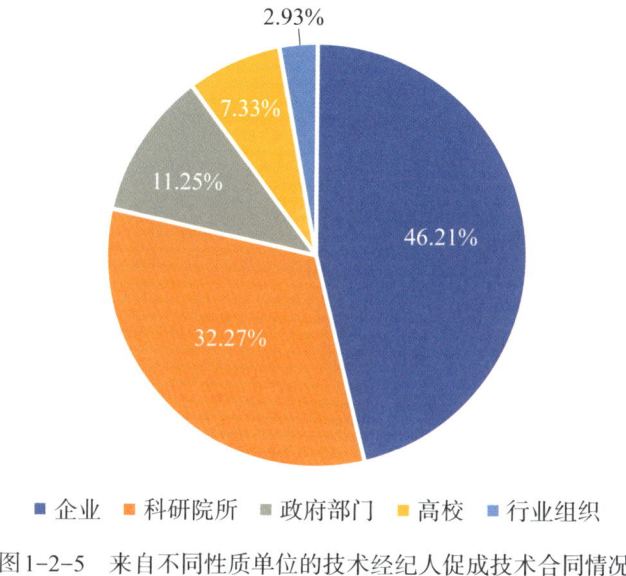

图1-2-5　来自不同性质单位的技术经纪人促成技术合同情况

2.6 粤港澳大湾区科技成果转化载体现状

2.6.1 华南技术转移中心成为大湾区科技成果转化枢纽平台

纵观国内外各类技术转移机构，虽建设方式多样，建设效果却不甚理想。究其原因，技术转移不像一般商品和服务，其具有"低频、高难、非标、长线"特征，这是制约技术转移机构发展的关键。为破解技术转移这一行业难题，把科技成果转化为产业和现实生产力，广东省政府于2017年部署华南技术转移中心（以下简称"华转中心"）并在广州南沙落地建设。南沙区积极贯彻落实省政府重要指示精神，与广东省科技厅、广州市科技局联合共建华转中心，指导华转中心采用"政府支持+企业运作"的建设模式。华转中心充分整合实体运营公司股东方及主管单位的各类国内领先、规模庞大、优势互补的设施渠道和服务资源，发挥高位嫁接、强强协作的优势，实现快速起步与迅速运转。自建成以来，华转中心创新运营机制和发展思路，坚持"平台的平台、服务的服务"新型战略定位，充分发挥总枢纽平台的作用，整合集聚现有分散的科技成果转移平台机构，汇聚国内外750多家优质科技服务机构、各类优质创新资源60 000余项，实现各类资源的物理整合和渠道打通，超过5000家科技型企业受益。

2.6.2 粤港澳大湾区国家技术创新中心打造科技成果供给原创平台

2021年4月，粤港澳大湾区国家技术创新中心（以下简称"大湾区国创中心"）在广州正式揭牌。作为国家战略科技力量与重点布局建设的三个综合类国家技术创新中心之一，大湾区国创中心将在源头技术供给、科技成果转移转化与产业化、科技型中小微企业孵化培育等方面发挥重要作用。目前，大湾区国创中心已正式运营，工业软件产业发展中心、粒子应用技术创新中心、智能系统创新基地和综合成果转化平台等一批重大平台已入驻运作，顺利通过科技部两轮绩效评估考核[①]。

2.6.3 粤港澳大湾区新型研发机构成为科技成果转化新力量

推动新技术在市场应用和转化，加速科技成果产业化是新型研发机构的主要功能之一。广东省高度重视新型研发机构的建设与发展，截至2021年底，广东共有省级新型研发机构277家。其中，珠三角地区共221家，占比达80%。

此外，近年来粤港澳大湾区在人工智能、医疗保健、金融科技、智能城市、物联网和新能源材料等优势领域加大了合作力度，区域内也相应推进了多个新兴的研发机构的发展，其中广东与港澳地区合作共建的新型研发机构共有9家（表1-2-13）[②]。各机构依托"母体"力量，结合自身学科优势，围绕广东产业需

---

① 资料来源：《广东省科技厅2022年工作总结及2023年工作计划》。
② 李钢. 粤港澳协同创新格局渐成型，共建国际科技创新中心［EB/OL］.（2020-07-18）[2023-12-30］. http://news.ycwb.com/2022-07/18/content_40923687.htm.

求，在电子通信、智能制造等战略性新兴产业领域开展特色研究，积极承担、参与国家和广东省重大产业技术攻关等项目，取得了一批高水平科研成果。

表1-2-13　香港高校在粤参与共建省级新型研发机构[①]

序号	高校名称	在粤机构
1	香港城市大学	香港城市大学深圳研究院
2	香港科技大学	香港科技大学深圳研究院
		广州市香港科大霍英东研究院
		佛山市香港科技大学LED-FPD工程技术研究开发中心
		深港产学研基地（北京大学香港科技大学深圳研修院）
		广东省大湾区华南理工大学聚集诱导发光高等研究院
3	香港理工大学	香港理工大学深圳研究院
4	香港大学	香港大学深圳研究院
5	香港中文大学	香港中文大学深圳研究院

依托科研实力优势与优秀科研成果的积累，港澳地区也涌现出如香港应用科技研究院、澳门转化医学创新研究院等一批高水平研发机构，在促进相关科学领域的研究与发展，推动粤港澳三地开展产学研合作方面起到了积极作用。以澳门转化医学创新研究院为例，该研究院由钟南山院士团队与澳门大学于2021年12月合作建立，依托澳门大学的科研力量，强化高校与企业的产学研合作，协助澳门大学制定系统化的协同科研成果转化机制。目前，研究院正跟进多个中医药项目的转化，协助其进行工艺微调及质量标准提升，并提供注册辅导，使项目可以达至商品化的水平。研究院已协助一家落户澳门的《财富》世界500强药厂在澳成功获批注册中成药[②]。

[①] 资料来源：《广东省对香港科技工作情况的报告》。
[②] 高新科技——促产学研合作［EB/OL］.（2023-02-26）[2023-12-30]. https://www.sohu.com/a/646615972_121119246.

2.6.4 粤港澳科技企业孵化器成为科技成果落地孵化基地

科技企业孵化载体是科技企业孵化链条中的重要组成部分，对于培育高科技创新企业和创新创业人才、推动科技成果转化、促进区域经济发展和产业升级具有重要的意义和作用。当前，广东科技企业孵化器达1111家、众创空间1076家，载体数量居全国首位。其中，面向港澳的科技孵化载体超70家，有24家获批为广东省级粤港澳科技企业孵化载体（表1-2-14），在孵港澳创业团队和企业近1100个，为超2000名港澳青年提供专业服务，不断提升孵化能力及与资本市场对接能力，加大力度培育港资高新技术企业，切实推动港澳青年在大湾区这片创业热土扎根成长。

表1-2-14 广东省粤港澳科技企业孵化载体汇总表[①]

序号	孵化载体名称	运营单位名称	所属地市
广东省粤港澳众创空间（5家）			
1	广州市天河区港澳青年之家总部	广州青年之家物业管理有限公司	广州
2	汇龙台港澳青年创新创业基地	广州穗台信息科技有限公司	广州
3	TIMETABLE精品联合办公空间	广州天银科创投资有限公司	广州
4	通天地智能产品孵化基地	深圳市通天地智能产品孵化服务有限公司	深圳
5	粤港澳（南沙城）国际青创社区	广州创艺信息科技有限公司	广州
广东省粤港澳科技企业孵化器（19家）			
1	深圳虚拟大学园管理服务中心	深圳市科技创新战略研究中心（深圳虚拟大学园管理服务中心）	深圳

---

① 资料来源：《广东省对香港科技工作情况的报告》。

续表

序号	孵化载体名称	运营单位名称	所属地市
2	横琴·澳门青年创业谷	横琴金投创业谷孵化器管理有限公司	珠海
3	专创空间	广州专创信息科技有限公司	广州
4	珠西创谷孵化器	珠西创谷（江门）科技园有限公司	江门
5	励弘文创旗舰园	广州励弘文创创业服务有限公司	广州
6	港湾1号科创园	珠海高新文创投资有限公司	珠海
7	中科信息港	东莞市中科信息港产业孵化有限公司	东莞
8	粤港澳科技企业孵化器	广东博智林机器人有限公司	佛山
9	粤港澳青年创业基地	广东科鑫信息技术有限公司	惠州
10	松山湖港澳青年创业基地	东莞市蚂蚁智慧网络科技有限公司	东莞
11	佛山工合空间粤港澳孵化器	佛山市工合科技有限公司	佛山
12	澳门青年人创新部落	广州澳青科技发展有限公司	广州
13	粤港澳青年创新中心	深港产学研基地（北京大学香港科技大学深圳研修院）	深圳
14	粤澳合作中医药科技产业园孵化器	粤澳中医药科技产业园开发有限公司	珠海
15	华南理工大学科技园顺德创新园区	佛山市顺德华工科技园有限公司	佛山
16	西江科创荟	肇庆新区科技创新创业服务中心	肇庆

续表

序号	孵化载体名称	运营单位名称	所属地市
17	DAYONE港澳青年创新创业服务基地	广州新橙长科技有限公司	广州
18	粤澳青创国际产业加速器	广州粤澳青创科技孵化器有限公司	广州
19	深港澳科技成果转移转化基地	深圳市大道科技服务有限公司	深圳

2.6.5 粤港澳青年创新创业基地集聚一批港澳转化落地项目

2019年5月20日，广东省人民政府发布《关于加强港澳青年创新创业基地建设的实施方案》（粤府函〔2019〕122号）（以下简称《实施方案》），《实施方案》提出，在广州南沙、深圳前海、珠海横琴三个自贸片区及珠三角地区九市各建设至少1个港澳青年创新创业基地，辐射带动一批社会化港澳青年创新创业孵化载体的"1+12+N"孵化平台载体布局。同年举行的粤港合作联席会议上，广东省确定建设粤港澳（国际）青年创新工场、前海深港青年梦工场等10个首批粤港青年创新创业基地。2022年12月，在港澳青年粤港澳大湾区就业创新创业推进会上，广东省发布包含粤港澳大湾区（广东）创新创业孵化基地在内的第二批粤港、粤澳青年创新创业基地名单。

目前，广东已基本建成以粤港澳大湾区（广东）创新创业孵化基地为龙头的"1+12+N"体系，粤港共建18家青年创新创业基地，粤澳共建5家青年创新创业基地，吸引大批港澳青年来粤发展、创新创业[①]。

专栏　粤港澳青年创新创业基地典型案例——粤港澳大湾区（广东）创新创业孵化基地

作为粤港、粤澳联合共建的粤港澳青年创新创业基地，粤港澳大湾区（广东）创新创业孵化基地于2020年12月底顺利建成并投入试运营，2021年3月29日正式开园。截至2022

---

① 曾美玲.广东再添一批粤港、粤澳青年创新创业基地［N］.南方日报，2022-12-17（03）.

年12月，基地共引入211个项目，其中港澳项目为190个，占比达到90.04%；所引入项目涵盖新一代信息技术、新能源新材料等多种前沿科学行业领域，入驻团队转企业考核合格率达100%。

此外，基地还引入了港澳服务团队，量身定制港澳特色服务，利用"港澳社群"的力量辐射带动更多港澳本土青年来粤创新创业。基地还通过举办形式多样的政策宣讲活动，精准面向入驻项目重点推送人社部门就业创业相关扶持政策；同时设立"创业助力官"，一对一指导入驻项目办理各项就业创业补贴。截至2022年12月，基地入驻项目累计引入港澳青年297人，博士148人，硕士302人，创业带动就业2805人。

2.6.6　中试基地与概念验证中心等成果转化新载体建设方兴未艾

科技创新通常要经过一系列阶段才能变成实际的生产力，这包括实验室的初步试验、放大试验到最终的大规模生产。尤其是放大试验阶段，它在此过程中扮演着关键角色，因为它能够在批量生产前揭示并解决潜在的问题，同时改进产品设计和生产流程，从而提升科技成果转化的效率。概念验证中心首先在美国研究型大学兴起，它代表了一种新兴的组织模式，旨在在高校内部推动科研成果商业化。这种模式通过提供初始资金、商业咨询、创业教育和孵化场所等资源，为概念验证阶段提供定制化支持。

近年来，粤港澳大湾区内各级政府部门纷纷加大对中试基地与概念验证中心建设的引导和支持。例如，深圳市于2022年8月出台《深圳市概念验证中心和中小试基地资助管理办法》（深科技创新规〔2022〕6号），采取"先建设、后认定"的方式对符合条件的中小试基地与概念验证中心进行事后资助（表1-2-15），并于2023年认定资助一批中小试基地与概念验证中心（表1-2-16）。

表1-2-15　2023年度深圳市概念验证中心认定资助项目拟资助项目清单

序号	认定名称	拟资助单位
1	深圳市清华大学深圳国际研究生院概念验证中心	清华大学深圳国际研究生院

续表

序号	认定名称	拟资助单位
2	深圳市数字家庭新技术概念验证中心	中山大学深圳研究院
3	深圳市深圳大学概念验证中心	深圳大学
4	深圳市航天智能健康监测护理概念验证中心	深圳航天科技创新研究院
5	深圳市精密仪器设备概念验证中心	深圳中国计量科学研究院技术创新研究院
6	深圳市医学技术概念验证中心	深圳北京大学香港科技大学医学中心
7	深圳市智能装备设计和制造概念验证中心	深圳华中科技大学研究院
8	深圳市医疗器械概念验证中心	深圳先进技术研究院
9	深圳市柔性电子概念验证中心	北京大学深圳研究生院
10	深圳市南方科技大学概念验证中心	南方科技大学

表1-2-16　2023年度深圳市中小试基地认定资助项目拟资助项目清单

序号	认定名称	拟资助单位
1	深圳市电池材料中小试基地	清华大学深圳国际研究生院
2	深圳市先进电子封装材料中小试基地	深圳先进电子材料国际创新研究院
3	深圳市晶泰智能化药物发现中小试基地	深圳晶泰科技有限公司
4	深圳市动植物检验检疫技术中小试基地	深圳海关动植物检验检疫技术中心
5	深圳市信立泰药物CDMO中小试基地	深圳信立泰药业股份有限公司
6	深圳市源兴基因药物药学研究中小试基地	深圳源兴基因技术有限公司

续表

序号	认定名称	拟资助单位
7	深圳市医疗器械中小试基地	深圳高性能医疗器械国家研究院有限公司
8	深圳市海普洛斯基因测序中小试基地	深圳市海普洛斯生物科技有限公司
9	深圳市光电异质集成传感器中小试基地	深圳先进技术研究院
10	深圳市半导体显示关键材料中小试基地	深圳职业技术学院

除深圳以外，广州市在《广州市促进科技成果转化实施办法》中也提出，推荐高等教育机构和科学研究单位依据各自特点，探讨设立概念验证中心。该中心的目标是对科研成果进行深入的技术与商业可行性评估，旨在降低成果转化至商业化阶段的潜在风险。同时，广州市正加紧布局建设"大湾区高端医疗器械概念验证中心"，为大学教授、科学家们提供全流程、全方位科研成果转化服务[①]。

2.7 粤港澳大湾区科技成果转化区域合作现状

近年来，为了实现共同构建粤港澳大湾区国际科技创新中心的宏伟蓝图，粤港澳大湾区的科技成果转化与创新合作已经取得了实质性进展。合作的主要内容包括优化粤港澳大湾区之间的科技创新合作架构，向港澳地区开放关键的科研基础设施，支持港澳地区的高等院校和科研机构主导参与广东省的科技项目，共同建设粤港澳大湾区联合实验室，并与港澳地区的高校合作，在广东成立新型的研发机构。这些措施旨在深化区域内的科技协作，激发整个大湾区的创新活力。

---

① 广州医科大学与生物岛实验室联合建设"高端医疗器械概念验证中心"[EB/OL].（2022-12-23）[2023-12-30]. https://huacheng.gz-cmc.com/pages/2022/12/23/ac0d954d65574bf697369b8a99f03990.html.

2.7.1 粤港澳科技创新合作机制日趋完善

一是签署粤港、粤澳科技创新交流合作协议，优化粤港、粤澳科技合作专责小组成员单位。2022年11月，广东省科学技术厅与香港创新科技与发展局签署《粤港科技创新交流合作协议》，其中"促进科技成果产业化转移转化合作"是合作交流的重要内容之一，并将广州市科技局、深圳市科技创新委、中山大学、华南理工大学纳入粤港科技合作专责小组。2022年9月15日，广东省科学技术厅与澳门特别行政区经济及科技发展局签署《粤澳科技创新交流合作协议》，协议提出"共同推动重大科技成果产业化"，并将珠海市科技创新局、中山大学、广州中医药大学纳入粤澳科技合作专责小组。

二是持续组织实施粤港澳科技合作计划。粤港澳三地已联合发布包括粤港科技创新联合资助、粤澳科技创新联合资助、粤澳（地市联动）联合资助、港澳科技成果来粤转化、粤港澳青年创新创业培训交流等成果转化与科技创新资助项目。粤港澳科技合作计划的实施，引导和支持了更多的粤港澳科技创新主体探索符合科研规律和自身发展需求的合作路径，为深化科研人才交流和共建科研平台筑牢合作基础，实质性地推进了粤港澳三地科技创新与合作，有力地促进了粤港澳三地竞争力的提升和社会经济的快速发展。自实施以来，粤港澳科技合作计划累计支持300多个项目，资助金额约3亿元[1]，其中港澳科技成果来粤转化项目累计资助16项，资助金额达1600万元。

三是向港澳机构有序开放科技计划项目。截至目前，广东省重点领域研发计划、基础与应用基础研究重大项目、自然科学基金、港澳科技成果来粤转化等省级科技计划项目已先后对港澳地区开放，超过100个港澳机构牵头或参与的项目获得立项资助，支持港澳科学家面向科技前沿开展科学研究和探索[2]。广州、深圳等多个地市也出台相关政策，积极支持港澳高等院校、科研机构承接市级财政科技计划项目，逐步推进市财政科技计划项目向港澳开放。如深圳设立深港创新圈项目、深港澳科技计划项目C类供香港创新主体直接申报。

四是携手共建粤港澳联合实验室。2019年，广东省科技厅启动建设粤港澳

---

[1] 资料来源：广东省科学技术厅，http: //gdstc.gd.gov.cn/kjzx_n/gdkj_n/content/post_4183889.html..
[2] 叶青.创新要素交融流通 粤港科技合作加速前进［N].科技日报，2022-06-30(3).

联合实验室，目前已建成两批共 20 家粤港澳联合实验室，其中 6 家香港单位参与其中 19 家联合实验室建设，2 家澳门单位参与其中 12 家联合实验室建设，港澳单位共同参与建设的共有 12 家联合实验室。粤港澳联合实验室在科研成果及转化应用、人才团队引进、港澳科技合作交流等方面取得较好进展。在资源汇聚方面，10 家粤港澳联合实验室汇聚了来自香港大学、香港城市大学、香港理工大学、香港中文大学、澳门大学、澳门科技大学等超百名港澳科研人员，培养千余名硕士、博士研究生。在科研成果方面，申请发明专利 700 多件，发表论文 1400 多篇，牵头承担国家及省部级项目 600 多项。目前已取得一系列原创性科研成果，例如粤港澳环境质量协同创新联合实验室聚集港澳两地高校、广州禾信仪器股份有限公司等企业，赋能质谱仪器的安全自主可控，多项质谱技术及产品填补了国内甚至国际质谱领域内的多项空白；成立了环境保护产业发展指导委员会，为实验室环境技术研发与研究成果孵化提供科学指导与决策支持。

2.7.2 大湾区内创新要素跨境流动愈加便利

一是向港澳地区有序开放重大科技基础设施和大型科研仪器。建立国家超算广州中心南沙分中心、珠海分中心，分别开通与香港科技园和澳门间的网络专线，服务超过 200 家港澳地区用户，在材料化学等诸多领域取得了一系列优秀的科技创新成果。中国（东莞）散裂中子源已向香港开放[①]。

二是推动省财政经费过境港澳地区使用。2019 年 2 月，出台了关于支持港澳机构参与或牵头承担广东省财政科技计划项目的相关规定，在全国率先实现省财政科研资金直接拨付港澳机构使用。同时，广东省多部门合力优化资金过境税收备案手续、精简业务流程、提高汇款效率，形成了切实可行的操作流程。2019 年 7 月 30 日，首笔由香港科技大学承担的广东省省级科研项目财政资金 316.96 万元顺利拨付到香港。随后，南方海洋科学与工程广东省实验室（广州）向香港分部依托单位香港科技大学成功拨付 3800 万元科研经费，实现了广

---

① 资料来源：《广东省对港澳科技交流合作工作情况的报告》。

州市科研资金首笔跨境拨付①。

三是探索科研用物资跨境便利流动。2020年4月，广东省科技厅等9部门联合印发《关于促进生物医药创新发展的若干政策措施》（粤科社字〔2020〕86号），提出允许经科技部备案的港澳大学、科研机构和医院等在粤分校、医院或分支机构依法直接申报将人类遗传资源样本出境到港澳地区。目前，广东有5家香港在粤单位获科技部批准成为内地人类遗传资源过境香港试点单位②。2022年1月起，广州、深圳两地按照科技部《关于推动开展科研用物资跨境自由流动改革试点工作方案》部署要求，试点执行科研用物资跨境自由流动的"白名单"制度以及科研设备、科研样本、实验试剂、耗材等跨境科研物资"正面清单"，对白名单机构进出口的正面清单内科研用物资实行更加便利的海关通关管理模式。

2.7.3　前海、横琴、南沙三大合作平台成效显著

《粤港澳大湾区发展规划纲要》提出，加快推进深圳前海、珠海横琴、广州南沙等重大平台开发建设。近年来，广东省多措并举，支持前海、横琴、南沙三个重大平台按照各自功能定位创新发展，推动粤港澳全面深化合作。

一是在合作区内布局建设重大科技创新平台。例如，大力支持横琴粤澳深度合作区内广东省智能科学与技术研究院联同广东琴智科技研究院建设广东省高水平创新研究院。目前，广东省智能科学与技术研究院已启动感知认知神经网络研究、脑机接口芯片等科研项目，并在澳门注册成立了科研成果转化平台和国际交流合作平台——粤港澳脑–智工程中心③。

二是在合作区内布局建设一批面向港澳青年的孵化器、众创空间等载体。例如，南沙已建成11家港澳青年创新创业基地，累计入驻港澳青创团队超300个，并推动香港科技大学霍英东研究院等符合条件的一站式创新创业平台认定为科技企业孵化器，充分享受科技企业孵化器税收优惠政策。

三是在合作区内举办面向港澳台的各类创新创业活动，加强粤港澳台四地双创资源对接。例如，南沙已成功组织8届中国创新创业大赛港澳台赛。截至

---

①② 资料来源：《广东省对香港科技工作情况的报告》。
③ 资料来源：《广东省科学技术厅关于做好横琴粤澳深度合作区建设总体方案公布一周年工作总结的复函》。

2022年7月，78家获奖企业中64家港澳台企业已落户粤港澳大湾区内地（大陆）城市，其中包括香港企业及内地港资企业31家、澳门企业及内地澳资企业18家、台湾企业及大陆台资企业15家[①]。

2.7.4 港澳高校内地合作办学带动科技成果转化

香港科技大学（广州）已于2022年9月正式开学。香港城市大学（东莞）、香港都会大学（肇庆）已提交筹设申请。香港大学、香港理工大学与广东有关地市签署合作办学协议。北京师范大学–香港浸会大学联合国际学院、香港中文大学（深圳）入选高水平大学建设计划，为大湾区科技人才培养、对外科技合作与科技成果转化搭建了重要平台。例如香港中文大学（深圳）自2014年成立以来，逐步完善学科建设，与超过120所国外名校伙伴开展合作，累计面向港澳引进跨学科研究和新兴交叉领域人才40余名，牵头建设深圳数据经济研究院并在前海合作区注册落地，充分发挥香港作为"国际联系人"的优势集聚全球资源，拟联合麻省理工学院、卡耐基梅隆大学、斯坦福大学等高校共同筹建粤港澳国际人工智能与机器人研究院[②]。

2.7.5 华南技术转移中心推动粤港澳科技成果双向转化

2018年3月以来，华南技术转移中心积极与港澳政府机构、高校、科研院所、创新载体协同互动，共同推动技术、人才、成果、项目等要素在粤港澳大湾区内互联互通，取得了重要进展与成效。

一是推动华转网与香港机电工程署建设的"E&M InnoPortal"实现互联互通，快速响应香港机电工程署抗疫产品需求，成功对接广东移动提供的抗疫科技产品。

二是与澳门科学技术发展基金成立产学研线上配对平台联合开发团队，实现华转网与产学研线上配对平台的互联互通。

三是连接港澳科技人才及机构，服务广东企业创新发展。依托广东省科技创新券和企业科技特派员两个专项政策，华转网已吸引包括香港生产力促进局、香港科技大学等港澳服务机构入驻，吸引来自香港机电工程署、澳门科技

---

① 资料来源：《省科技厅推进广州南沙深化面向世界的粤港澳全面合作工作情况》。
② 资料来源：《广东省对香港科技工作情况的报告》。

大学、澳门大学、澳门城市大学等的港澳科研人才入库。

四是与香港机电工程署、香港生产力促进局、香港科技园、香港工程师学会、澳门科学技术发展基金等多家港澳科技机构展开紧密合作，积极对接港澳各类优质科技成果和人才资源，促进科创项目在大湾区实现转化和产业化。

第3章　粤港澳大湾区科技成果转化存在问题

3.1 供给面：可转化高质量成果供给不足

虽然粤港澳大湾区的科技成果规模不断扩大，专利数量不断增多，但是可转化的高质量科技成果较少，仍然面临着科技成果"量高质低"的窘境。一是高校院所在科技成果市场转化中处于信息劣势位置，高校院所科技成果与市场需求缺少衔接，无法快速根据市场需求研发相匹配的科技成果，使高校院所科技成果转化处于"不能转"的尴尬局面。二是高校院所科研评价体系中仍然缺少成果转化导向和激励措施，高校院所的科研经费主要来源于国家和地方政府的项目支持，但在项目验收、职称晋升等评价体系中成果转化指标少、政策激励明显不足，加上成果转化本身存在市场风险，高校院所科研人员仍缺少成果转化的驱动力，使高校院所科技成果转化陷入"不想转"的困境。三是粤港澳大湾区科技成果转化服务体系仍不健全，高校院所科研人员虽然掌握着先进的科技成果，但是缺乏市场、法律和成果孵化等相关经验，又缺乏专业的科技成果转化服务体系，使高校院所科技成果转化处于"不会转"的窘境。四是粤港澳大湾区高校院所产学研融合有待加强，并没有形成真正合力，存在参与各方重视程度不高、产学研融合的深度和广度不足、校企沟通渠道不畅等问题，使高校院所与企业无法在产学研融合的过程中高效促进科技成果转化。五是一些企业的科技成果转化能力存在明显的不足，尤其是粤港澳大湾区的部分"粗放型"企业过度依靠人力资源发展，而不是致力于通过科技创新来提高企业的效益。这些企业自身的研发能力以及转化能力均有限，难以直接将高校的科技成果有效地转化为现实生产力。

3.2 需求面：企业研发投资呈现两极分化

粤港澳大湾区企业研发投资两极分化趋势显现，大型企业研发支出不断加大的同时，中小企业的研发支出则更加谨慎保守。一方面，以华为、腾讯等为代表的大型企业不断加大科研投入。广东省部分头部公司2021年度、2022年度研发投入情况显示，13家头部公司的2022年研发投入总计为3166.85亿元，同比增长14.85%，占2022年度广东省研发经费支出的比例约为75.40%，而2021年这一比例为68.90%。如表1-3-1所示，2022年华为的研发投入达1615亿元，同比增长13.17%，腾讯的研发投入达614.01亿元，同比增长18.35%；比亚迪的研发投入达202.23亿元，同比增长90.30%；等等。另一方面，头部企业科研投入占全省研发投入的大部分比例，且比例不断加大的现象也反映出广东省中小企业研发投入日趋保守谨慎。由于研发投入成本高、回报周期长且回报率不稳定，再加上受国际市场环境影响，因此大部分中小企业削减开支，普遍减少科研投入。这种企业研发投入两极分化的趋势会带来一定的负面影响。一是大企业在外部竞争压力加大的形势下，不得不加大科研投入以巩固其市场地位，过大的科研投入加大了大企业的生存压力，如华为公司2022年研发支出占全年营业收入的25.1%，是净利润的4.54倍。二是中小企业因削减研发投入而逐渐失去市场竞争力，从而陷入"收入减少—削减研发投入"的恶性循环，不利于中小企业的发展。三是企业科研投入领域变少，更加依赖大企业进行技术研发，将导致科研领域集中在大企业所经营的领域当中，而对于其他行业的研发投入则相对不足，使得大量行业的科技水平无法得到提高。然而，引导中小企业走"专精特新"的发展道路，是促进中小企业和各行业健康发展的现实途径和必由之路，进而提升整体制造业的厚度和竞争力。

表1-3-1　2022年广东省部分头部公司研发投入情况表

序号	公司名称	2021年研发投入/亿元	2022年研发投入/亿元	研发投入增长率/%
1	华为技术有限公司	1427	1615	13.17
2	腾讯控股有限公司	518.80	614.01	18.35

续表

序号	公司名称	2021年研发投入/亿元	2022年研发投入/亿元	研发投入增长率/%
3	比亚迪股份有限公司	106.27	202.23	90.30
4	招商银行股份有限公司	132.91	141.68	6.60
5	美的集团股份有限公司	120.14	126.18	5.03
6	富士康工业互联网股份有限公司	108.35	115.88	6.95
7	TCL科技集团股份有限公司	87.7	107.8	22.92
8	广州汽车集团股份有限公司	51.65	65.26	26.35
9	珠海格力集团有限公司	65.29	62.81	−3.80
10	中国南方电网有限责任公司	86.37	56.44	−34.65
11	广州工业投资控股集团有限公司	18.08	24.27	34.24
12	顺丰控股股份有限公司	21.55	22.23	3.16
13	深圳市投资控股有限公司	13.38	13.06	−2.40

数据来源：广东省科学技术厅，http://gdstc.gd.gov.cn/kjzx_n/gdkj_n/content/post_4183889.html.

3.3 服务面：转化机构服务质量良莠不齐

尽管近年来粤港澳大湾区的技术转移机构数量有所增加，科技成果转移转化成效显著，但在行业内仍存在技术转移机构服务质量良莠不齐的问题。一方面，由国家及地区政府支持建设的技术转移机构及技术转移平台，以及由高校自建的技术转移机构，自身具有雄厚的科研力量和高质量人才，加上其在科技成果转化服务方面投入力度也较大，因而在科技成果转化服务方面取得了显著的成效；另一方面，受国内和国际经济环境变化等多方面因素影响，一些第三方市场化服务机构面临严峻的生存困境，其成果转化业务量大幅萎缩，服务质量也有所下降。从整体来看，转化机构服务质量良莠不齐。而服务质量较差的技术转移机构主要存在以下几个问题：一是资金缺乏。科技成果转化服务机构需要投入大量的资金用于科技成果的挖掘、评估、推广、转化等多个环节，成本高昂，而当前我国科技成果转化服务机构资金来源有限，难以满足业务需求。二是人才短缺。科技成果转化服务机构需要一支高素质、专业化的人才队伍，目前国家缺乏对商业化复合型技术转移人才的培养，专业的技术转移人才有限，在市场竞争激烈的环境下，人才流失严重，导致科技成果转化服务机构的服务质量下降。三是机构专业化能力不足。科技成果的转移转化涉及科学、技术、法律、金融、财会、营销、管理等多方面的专业知识和技能，对技术转移机构的综合能力要求较高，当前技术转移机构的专业化、全方位的服务能力存在欠缺，难以满足成果转化行业快速发展的要求。

3.4 政策面：相关政策体制机制有待完善

3.4.1 科技成果转化相关政策有待进一步协同落实

科技成果转化涉及研究开发、商品化、产业化等多个环节，涉及政产学研金介贸等多个主体，涉及资金、技术、人才、信息等多方面要素和部门，但是由于部门之间政策协调性、衔接配套程度不足，导致政策落地存在一定困难。如根据《关于进一步加大授权力度 促进科技成果转化的通知》（粤财资〔2020〕31号），广东省财政厅已进一步加大对省级研究开发机构、高等院校关于科技成果转化有关国有资产管理的授权力度，但省级研究开发机构、高等院校的主管部门尚未完善相关配套政策；职务科技成果定价难、国有股份处置审批流程长等问题依然存在；部属院校、央属科研机构受执行落实部委规章政策和地方高校、科研机构执行落实地方性法规政策的体制束缚；一些省外高校院所在广东共建的新型研发机构无法按"属地管理"享受地方有关优惠政策（如允许管理层持大股、扩大机构对外投资决策权等）；一些高校、科研机构履行法人主体责任不到位，未把国家和省有关成果转化政策细化为适合本单位特点的制度办法，工作针对性和可操作性不强，影响成果转化的效率和效益。

3.4.2 评价激励和容错免责机制有待完善

成果转化在高校院所科技评价体系中的地位还不够突出，科研成果转化和科技服务难以真正成为与论文、著作、科技奖励等效的评价标准，社会评价导向对成果转化的关注度还不够高，不利于激发科技人员转化成果的创新活力；高校院所技术转移机构的市场化运作需求和职能部门的非营利目的之间存在现实矛盾，对促进科技成果转化人员的激励不足。

由于现有科技成果转化与国有资产管理制度中容错免责机制尚未完善，科研人员、领导干部会担心科技成果管理与国有资产管理之间存在不确定的界定，可能会导致廉政风险或事后追责的问题发生，因此仍存在"不敢转"的困扰；一些监督和审计部门在"四技"收入的认定、成果转化的收益分配等方面持过于严苛的态度，影响了科研机构和科研人员参与科技成果转化的积极性。

3.4.3 部分对国有资产管理公司的政策约束了其开展科技成果转化活动

近年来，高校设立的资产公司、科研机构设立的国有或国有控股企业已成为高校院所开展成果转化工作的重要机构。但由于各级财政和国资部门仍将上述机构按照国有资本管理，使这些机构开展成果转化活动时面临以下较大的政策束缚和压力：一是被纳入国有资产增值保值考核；二是开展的产权交易、资产变动等经营事项需报财政部门审批，且审批时间较长（1年左右）；三是按照广东省财政厅2017年以来《关于扩大省级国有资本经营预算编制范围的通知》要求，上述机构需缴纳30%的国有资本经营收益；四是上述机构将科技成果转化给企业时，企业普遍要求高校院所在技术入股之外开展现金投资入股，以共担科技成果转化的风险，但由于《教育部关于加快推进直属高校产业规范化建设工作的通知》（教技发〔2007〕1号）明确指出"高校转化科技成果，原则上使用无形资产进行投资，一般不以现金出资"，高校资产公司受到这一政策的束缚，至今仍不敢开展现金入股，影响了企业转化高校科技成果的积极性。

3.4.4 粤港澳三地知识产权法律制度存在冲突

由于粤港澳三地特殊的现实情况，目前尚未制定统一的大湾区知识产权法律制度，这导致在知识产权的获取、使用、管理以及保护方面存在着法规的冲突，在保护对象、保护期限以及知识产权的取得方式、执法模式等方面也存在显著差异，而且缺乏自动互认机制。以发明专利保护期限为例，澳门发明专利的有效保护期为15年，内地则为20年，香港较为特殊，分为标准专利与短期专利，其中标准专利保护期限为20年，短期专利为4年，可续展一次，共8年。尽管粤港澳三地已初步建立泛珠三角区域知识产权合作机制，但粤港澳三地知识产权的运营交易、维权援助机构、信息服务和平台之间尚未实现信息融合和资源共享，这导致未能推进实质性的改革，知识产权服务平台的运行规则还需要进一步协调。

3.5 资金面：创业风险投资更趋保守谨慎

随着全球经济进入下行周期，创业风险投资更趋保守和谨慎，科创企业整体融资环境恶化，导致科技成果转化项目的融资成本上升、融资难度提高、财务风险加剧。一是机构投资者风险偏好下降，科创企业融资难度加大。金融市场系统性风险提高，不确定性增加，迫使大量资本逃往"安全地带"，风投机构陆续调整投资方向，关注重点从企业的成长性和发展潜力转向现金流和盈利能力，对初创企业的短期业绩提出更高要求，但科技成果转化活动具有周期长、耗资大、风险高等特点，难以在短期内实现收支平衡和盈利目标，致使科技成果转化项目的融资机会减少、融资难度提升。二是平均资本成本上涨，风险投资强度下降。美联储加息、流动性收紧、高利率叠加高通胀等诸多因素不断抬高资本成本，投资市场呈现低迷态势。2022年广东省科技企业孵化器风险投资强度降至508.05万元/项，同比降低17.13%[①]。"廉价资本"时代告一段落，投资者与企业之间的博弈关系发生变化，风险投资市场逐渐由"资金找项目"转变为"项目找资金"，双方达成投资协议的时间相较于以往有所延长，成功募集到资金的成果转化项目数量也有所减少。

---

① 中国科技发展战略研究小组，中国科学院中国创新创业管理研究中心.中国区域创新能力评价报告2022[M].北京：科学技术文献出版社，2022：128.

3.6 协同面：大湾区成果转化协同有待增强

大湾区在要素流动、资源对接、技术转移和成果转化等方面受到多重因素制约，粤港澳创新链、产业链、资金链、人才链融合程度不足，导致港澳成果来粤转化难以真正实现优势互补和产业协同。一是创新要素流动壁垒尚未被破除，粤港澳之间人力、物力、资金、技术等创新要素流动性不足，人才往来港澳限制多、资金经费过境税费高、中试基地跨境共享难、科技交流合作频率低等问题尚未被解决[1]，降低了创新主体跨境合作的积极性，阻碍了粤港澳科技成果双向转化途径。二是粤港澳创新资源对接不充分，三地间技术交易规模偏小，与大湾区经济体量不相匹配，港澳成果来粤转化的数量偏少，成功实现产业化的项目不多，港澳地区创新资源溢出效应尚未完全形成，在基础研发和产业应用领域的创新动能尚未被有效释放，在技术转移和成果转化方面发挥的作用有限。

---

[1] 谈力,李栋亮,韩莉娜,等.促进粤港澳大湾区创新要素跨境流动的动力因素与公共政策的作用机制[J].科技管理研究,2022,42(24):38-47.

第4章 推动粤港澳大湾区科技成果转化的对策建议

4.1 加快实现科技成果转化"三个转变"

当前,高校院所和技术转移机构的科技成果转化思路与服务都更多地聚焦于高校院所已积累的大量专利、论文等科技成果,聚焦于转化的成果供给与企业需求两端相互匹配对接,聚焦于从成果供给角度出发开展转化工作。但从开展科技成果转化工作的实践来看,目前已产生的大量高校院所科技成果与企业期望的具有商业价值的成果相距较远,即使政府出台相关政策大力促进高校院所专利成果转化运用,但仍然收效甚微,这主要是由于从供给角度出发不符合市场经济发展规律。因此,建议推动科技成果转化服务的"三个转变":一是从供给端出发转向从需求端出发。原来从供给端推动科技成果经过小试中试最后实现产业化的方式,不仅周期长、投入大、难度也高。而从需求端出发更符合市场规律,即以产业或企业实际需求为导向,解决企业实际技术问题,实现成果直接转化到企业车间中。二是从注重供需对接转向能力对接。传统需求对接主要从供给方和需求方的供需是否匹配来开展,但一方面供需双方达到真正匹配是小概率的事件,另一方面,更多的企业需求是帮助企业解决实际技术问题,因此,更需要为企业对接有能力帮助其解决技术问题的供给方。三是从以成果为核心转向以人才为核心。一直以来的从供给出发、注重供需对接都是以成果为核心的科技成果转化方式,但从实际了解来看,企业并不只是想要供给方的技术成果,还需要供给方提供持续的"售后解决方案",从而真正掌握相关技术成果,因此企业更需要具备相关解决能力的人才。

4.2 加强以企业需求为导向的科技成果供给

建立以需求为导向的科技成果供给机制，培育供给侧要素资源，是打通粤港澳大湾区科技成果转化通道的重要着力点。作为科技成果供给侧主体，高校院所应当坚持"四个面向"，在科技创新活动前端，确立"市场需求导向"，将市场化运用嵌入高校科技创新活动全过程。一是加强有组织科研。高校院所应当聚焦服务粤港澳大湾区战略发展需求，转变科研理念，主动谋划、主动服务，明确科研方向和具体任务，形成有计划、有组织的科研创新活动。创新科研范式和组织模式，加强高校院所与湾区产业发展互动，充分利用优势特色学科，推进学科交叉融合。强化问题导向和结果导向，推进问题与需求、技术与应用、研发与生产的协调，注重研发与需求的衔接，促成"可转化"的专利成果产生。二是强化成果源头管理。加快建立健全重大项目知识产权全流程管理机制，围绕产业发展与技术竞争方向，科学评价科技成果价值和市场应用前景，有效实施职务科技成果披露制度、专利申请前评估制度，建立健全专利分级分类管理体系，从源头上保护创新成果、提升成果质量。三是培育高价值专利。加强高价值专利布局，围绕战略产业集群，聚焦"卡脖子"技术领域，设立重点领域研究专项，加强关键核心技术攻关，确保产业链、生产链安全。探索建立专利导航工作机制，构建高价值专利的筛选指标、权重与测度模型，研究关键核心技术领域高价值专利驱动影响因素，指引关键核心技术领域高价值专利创造。四是推进科教产融合创新。强化高校与产业发展互动，推进科教产融合创新，发挥优势特色学科对经济社会发展的引领和支撑作用，助力战略性新兴产业。统筹校内外科研资源，推进"需求牵引"型研发，强化高校与企业共建科研平台，推进联合协同攻关。五是鼓励探索形式多样的成果转化模式。鼓励高校院所探索形式多样的成果赋权模式，对已有成果有明确转让或合作企业的，可采取即时赋权，即在与企业签署转化协议的同时对科研人员进行赋权；对已有成果暂无转让或合作企业的，可先协议赋权，调动科研人员积极性，主动对接企业，寻找市场；对企业有需求但暂无成果供给的，可采取预约赋权，提前明确将来成果产出时给予科研人员的权属比例。六是强化技术转移机构及人才队伍建设。鼓励高校院所培育建设技术转移机构，引导技术转移机构主动对接市场，根据企业需求筛选成果，有序组织单位技术供给与企业需求对接。探索市场化运营机制，引入技术经理人，建立专业化、梯度化的技术转移人才培养体系。支持高校院所根据岗位设置管理有关规定，自主设置技术转移转化系列技术类和管理类岗位，激励科研人员和管理人员从事科技成果转移转化工作。

4.3 综合施策支持企业科技成果转化需求

企业作为技术创新决策、科研投入与组织、科研成果转化的主体，要进一步发挥出题人、答题人和阅卷人的作用，加强科技成果供给和需求的连接建设，促进创新要素向企业集聚。具体方法如下：一是要建立完善的企业科技创新管理制度，提高企业的创新意识。这包括设立专门的研发机构，增加研发投入、培养与引进相关的科技人才，同时要持续进行研究开发，并将研发成果及时转化为实际的产出，形成具有核心自主知识产权的创新体系，以市场需求刺激企业对科技成果转化的有效需求。二是发挥企业在科技创新规划和政策制定、科研项目组织实施中的重要作用，支持企业牵头承担重大科研项目，财政资金设立的技术攻关类项目原则上由企业牵头组织实施。三是加强培育科技型中小企业、高新技术企业、科技领军企业，强化科技企业梯次培育机制，制定精准支持措施。以支持企业高质量发展为导向，将科技企业培育发展质量纳入广东高质量发展综合绩效评价、省级高新区发展评价监测等范围。四是支持科技领军企业加强基础研究布局，积极承担基础研究财政科研项目，联合高校院所聚焦产业核心技术的基础理论和技术原理开展研究。鼓励科技领军企业围绕产业发展需求设立基础研究资助项目，由产业界出题，组织高校院所等科技人员积极参与。五是支持科技领军企业牵头，组建体系化、任务型的创新联合体，发挥技术攻关的引领作用，鼓励领军企业开放其创新链、供应链资源，推动与产业链的上中下游融通创新。支持科技领军企业发挥市场需求、集成创新、组织平台优势，成为整合集聚创新资源的中心，从而形成跨领域、大协作和高强度的创新基地。六是鼓励科技型国有企业建立科技成果转化收益分配机制。切实落实《广东省国企改革行动实施方案》，鼓励科技型国有企业建立更加完善和宽松的科技成果转化收益分配机制，提高研发团队和重要贡献人员分享科技成果转化净收益的比例。七是推动企业主导的产学研深度融合，支持企业与高校院所和其他组织建立优势互补、分工明确、成果共享、风险共担的合作机制，共建产学研技术创新一体化联盟、联合实验室等创新平台，以合作、委托或技术入股等方式开展技术研发、成果应用与推广、标准研究与制定等共同活动，推进产学研的深度融合。

4.4 加强对科技成果转化服务机构的培育扶持

科技成果转化服务机构是国家和区域创新体系不可或缺的一部分，充当着连接各类创新主体的桥梁和创新活动的促进者。在一些发达国家和地区，许多高校和科研院所已将科技成果的转化工作委托外包给各种专业的科技中介服务机构，如专业技术转移机构承担科技成果转化整体工作，专利律师事务所进行文献检索和专利性的判断，法律顾问协助草拟许可合同，风险投资和咨询公司参与评估专利价值和确定适合的商业模式。然而，在内地，这些服务机构还尚未发展成熟。建议加强培育一批具有强大服务能力、高水平专业技能、信誉良好且竞争力强的科技成果转化服务机构。一是借鉴港澳科技服务发展模式，引导粤港澳大湾区科技服务水平提质增效。积极引入专业分工细致、技术水平高的香港科技服务机构，借鉴推广香港科技服务发展模式，吸引全球各类专业人才，加快发展专业化、市场化的科技中介服务机构，提升大湾区整体科技服务水平。二是加强建设一批专业化、规范化、规模化的科技成果转化服务机构。探索设立科技咨询、科技评估、技术转移服务机构认定标准，提高行业门槛，建立评价定级制度，择优支持示范性科技成果转化服务机构建设。

4.5 着力破解制约科技成果转化的体制机制障碍

针对当前制约大湾区科技成果转化的堵点、难点和痛点，要着力破解体制机制障碍。一是深化科技成果赋权与单列管理改革。深入推进赋予科研人员职务科技成果所有权或长期使用权试点改革，逐步扩大试点范围至珠三角国家科技成果转移转化示范区；深化职务科技成果单列管理改革，探索高校院所的职务科技成果作价投资所形成的股权，不纳入国有资产保值增值管理考核、清产核资范围。二是加大与科技成果转化有关的国有资产授权力度。明确高校、科研机构可以根据科技成果作价投资企业的发展需要，自主决定科技成果作价入股股权国有资产产权登记的办理时间。授权高校院所的主管部门办理科技成果作价投资企业的国有资产产权登记事项，并不需报财政部门办理登记。主管部门应当简化科技成果产权登记程序和申报材料，提高审核效率。三是改革横向项目经费使用。明确高校院所受企事业单位、社会组织委托及通过政府购买等市场化方式取得的项目属于横向项目，可以凭认定登记后的技术合同提取和发放奖酬金。四是建立职务科技成果转化容错纠错机制，实行审慎包容监管，明确职务科技成果转化中的勤勉尽责义务，以及程序、正面清单和负面清单。加快出台"关于扩大职务科技成果管理改革试点的实施方案"和"广东省高校和科研事业单位职务科技成果转化尽职免责认定工作指引"等配套政策，切实破解成果转化"不敢转"的问题。五是完善科技成果评价激励机制。在科技成果评价、科技计划立项、职称评定、科技奖励等管理机制中，强化技术成果的产业需求导向，准确全面地反映科技成果的创新水平、转化应用绩效以及科技成果对经济社会发展的效能。六是持续深入开展政策宣传。通过线上线下等多元化宣传方式让大湾区内高校、科研机构、企业等成果转化主体全面了解科技成果转化的相关法规政策，积极宣传推广各类技术转移服务资源，包括政府和市场搭建的线上成果对接平台、线下服务体系、特色服务机构等，引导企业与专业化技术转移服务机构对接，提升科技成果转化效率。七是加强粤港澳三地规则机制衔接。研究制定大湾区协同创新发展规划、政策等，建设优势互补、成果共享、风险共担的创新利益共同体。建立和完善跨区域的有效协商机制，协调、规范和解决创新合作中政策实施、项目组织、平台建设等重大问题。加快推动要素市场化配置改革，以资本、人才、技术、数据等要素市场化配置改革为突破口，减少境外机构在金融服务、法律服务、人才执业等方面的准入限制，进一步推动开放互联网管理和跨境数据流动等改革。建立跨区域的法律服务组织与机构，如跨境商事仲裁、粤港澳版权注册、司法协助与合作等，为激发科技成果转化热情、保护科技成果提供有效的法律支撑。

4.6 充分发挥各类科技成果转化引导基金的作用

充分发挥省级科技成果转化引导基金等作用，支持行业龙头企业、产业（技术）创新中心、科研院所发起设立天使基金。支持国家级科技企业孵化器设立科创投资基金，探索"创投风投＋孵化"模式。鼓励省内有条件的企业联合发起设立中试孵化母基金。引导基金通过针对性让利、提高出资比例等方式，鼓励市场化子基金投资处于种子期、初创期的项目，引导私募股权投资和创业投资投早、投小、投硬科技。拓宽创业投资资金渠道，建立健全创业投资资金多元投入机制，支持保险资金和符合条件的资产管理产品参与创业投资。支持开展合格境外有限合伙人（qualified foreign limited partner，QFLP）业务，以创新手段吸引境外低成本资金支持粤港澳大湾区科技型企业发展。改革政府引导基金收益管理机制，政府引导基金坚持风险共担、收益共享。政府引导基金参股设立的子基金清算出现亏损时，政府引导基金以出资额为限，与其他出资人按出资比例承担损失。畅通资本市场化退出渠道，鼓励社会资本依规设立私募股权二级市场基金（S基金），改善创业投资市场流动性，形成创投资本流动闭环。

4.7 探索建立粤港澳三地科技成果转化快速通道

当前大湾区创新创业氛围浓厚，但不少初创项目团队和企业面临不熟悉内地政策、不掌握落地渠道等难点，成熟度较高的产业化重大项目面临着零散对接、效率低下、周期长等堵点，高校成果面临科研经费、人才、成果跨境流动难等阻点，产学研合作亟须建立科技成果转化快速通道。一是依托广东已建成的130多家港澳科技孵化载体，以及近1100个在孵港澳创业团队和企业，建立常态化交流机制，打破跨境创新创业的信息壁垒。通过遴选出一批港澳来粤创业标杆和典型代表，发挥示范引领作用，积极与港澳青年分享成长经验和交流项目落地政策，为其来粤转化提供快速对接渠道。二是依托大湾区科学论坛、中国国际人才交流大会、中国国际高新技术成果交易会、中国海外人才交流大会、百万创新创业大赛等大型活动，打造全新科技成果转化专题重磅品牌活动。不仅要通过大赛建立常年遴选成熟度高的产业化项目来粤转化的渠道，更要创新大赛活动机制和运作流程，包括集中发布大湾区各地优势产业招商引资优惠政策，邀请政府部门考察重大项目，解决科技招商难题；邀请投融资机构评选高潜力项目，破解产业融资对接难题。三是依托香港科技大学（广州）、北京师范大学－香港浸会大学联合国际学院（珠海）、香港中文大学（深圳）、香港城市大学（东莞）等港澳高校建成或筹建的内地校区，以及参与建设的20个国家重点实验室、11个教育部重点实验室、20个粤港澳联合实验室，支持更多高校院所来粤合作办学和联合共建优势学科、实验室、研究中心和孵化基地，加速港澳高校端科研人才、成果来粤转化。四是依托粤港澳大湾区生产力促进服务联盟等优势行业协会力量，发挥引领作用，支持广州南沙科技成果转化联盟等行业新力量升级，更好地服务大湾区。行业协会集聚粤港澳三地行业头部产业、高校院所、服务机构等资源，搭建"需求发布—人才响应—成果转化—服务支撑"高效畅通渠道，打造高水平粤港澳创新服务协作圈，促进科技成果跨区域高效对接和便利转化。

第5章 将南沙打造成为华南科技成果转移转化高地

5.1 打造大湾区科技成果转化政策体制改革"先行地"

南沙作为高水平对外开放门户、科技创新产业合作基地、青年创业就业合作平台、规则衔接机制对接高地和高质量城市发展标杆，已形成广州城市副中心"三区一中心"发展新格局，包括国家新区、自贸试验区、粤港澳全面合作示范区，承载着门户枢纽的功能。站在新时代、新征程、新起点上，南沙肩负着打造华南科技成果转移转化高地的使命重担，须着力增强优质制度供给能力、科技创新策源能力、未来产业引领能力、全球资源配置能力、招才引智集聚能力、科技资本融合能力。

一是探索整建制、分部制，引进港澳优势学科力量。在重大平台项目引进政策上发力，围绕香港2所位列全球前40名的顶尖医学院、16所国家重点实验室、6所国家工程技术研究中心香港分中心及22所中国科学院联合实验室[①]和12所高校，以及澳门4所国家重点实验室和6所高校，重点关注生命科学与医学、自然科学等在全球前1%水平的学科领域，结合南沙产业发展需求，以整建制、分部制的形式引进港澳高校的优势学院，提升区域原始创新能力，减少"港澳研发+湾区转化"带来的成果、人才跨境流动转化的不便。

二是推行重大创新产品政府首购制。在激烈的市场竞争中，创新产品市场推广面临着技术密集程度高引发的投资规模大、建设周期长、风险高等痛点，与传统产品相比，创新产品在科技成果产业化早期阶段不具备技术成熟度和价格竞争优势。南沙围绕生物医药、航空航天、新能源汽车、人工智能、新一代信息技术等重点产业，通过政府带头支持购买首次投向市场、具有不可替代专

---

① 陈白.对话毕坚文：创新科技是香港未来发展重心[N].经济观察报，2023-01-09(23).

利和专有技术、产权明确的重大创新产品，通过采购规则内化"市场失灵"理论下的外部性和"搭便车"问题，激励企业专注产品创新和硬科技含量提升，从而示范引导区域积极创新。

5.2 打造大湾区科技成果创造与供给"制高地"

近年来，南沙区已基本形成了"1+1+3+N"科技创新平台体系，中国科学院明珠科学园、南沙科学城正在稳步推进，香港科技大学（广州）已经建成并开学，南方海洋科学与工程广东省实验室（广州）正在创建国家级实验室基地，冷泉生态系统等重大科技基础设施加快建设，已与中国科学院、高校等合作共建了22个高水平科研机构和370个创新平台。依托南沙区科技创新平台体系，为将南沙打造成为科技成果创造与供给高地提出以下建议：一是强化中国科学院明珠科学园、海洋实验室、香港科技大学等重大创新载体的科技创新能力，鼓励各方加大研发投入，增加科技人才引进，加强科研机构建设，引导资金流向具有应用潜力的科技成果研发项目，加速科技成果的研发与供给；二是继续发挥广州南沙科技成果转化联盟的资源汇集与成果转化催化作用，以科技成果转化联盟的影响力吸引海内外优秀的技术研发机构落户南沙，加速南沙优秀科技成果的研发与产出，畅通科技成果转化的供给渠道；三是建议政府积极与海内外优秀高校对接，推动在南沙区共建大学分校，以此为基点引入更多的高端科研技术人才来到南沙、落户南沙，增强科技研发实力。

5.3 打造大湾区科技成果转化落地"首选地"

一是吸引早期科技成果来南沙验证熟化。依托在建和筹建的大科学装置，建立跨学科多领域概念验证中心，吸引具有颠覆性、原创性的科技成果集聚。鼓励产业龙头企业和高水平实验室、科研院所、高校共建概念验证中心，共同遴选一批重大科学发现，提供技术可行性、种子资金、商业评价、技术转移等概念验证服务，验证特定技术的商业潜力，为科研成果商业化提出方向和建议。

二是引导中试基地推动科技成果产业化。依托已有的国家、省级工程技术中心、企业技术中心、工程研究中心、重点实验室，作为南沙中试基地重要抓手，以产销为核心考核奖励指标，引导科技成果转化为新产品、新设备。围绕千亿级新能源汽车产业、百亿级高端装备制造产业、十亿级生物医药产业等，加快科技成果中试产业化，推动产业阶梯式高质量迈入"万千百"产业集群。

5.4 打造国际技术转移"桥头堡"与"枢纽站"

建设高水平对外开放门户，将南沙打造成国际技术转移"桥头堡"与"枢纽站"，是南沙国际科技成果转移转化能力显著提升的重要途径。一是构筑优质的科技成果转化环境，围绕科技成果转化环境的优化，出台一系列制度规则，从税收优惠、人才引进与服务、科技金融等方面予以支持，提高南沙在全球范围内的科技成果转移转化能力；二是打造南沙科技成果转化知名品牌，通过举办具有国际影响力的国际技术转移大赛，以大赛为媒介链接全球，吸引聚集全球科技成果、科技人才、孵化载体在南沙落地，创新政府帮扶科技成果转化模式，打通项目精准转化渠道，提升南沙的国际科技成果转移转化能力；三是吸引港澳高校和海外高校在南沙建立科技成果转移转化基地及发展校友企业，引导科技成果优先在南沙转移转化；四是探索成立粤港澳合作示范区，与港澳地区在成果转化、国际技术转让等领域开展深度合作，以港澳地区为媒介，提高南沙科技成果转化的国际知名度，吸引集聚更多优质海外科技成果在南沙转移转化。

5.5 打造大湾区科技成果转化人才"富集地"

一是推动产业人才认定规则衔接。基于南沙已有"国际化人才特区九条"、个人所得税 15% 税负优惠政策等人才引培重磅政策，以及港澳人才建筑、交通工程专业职称认定的先行先试经验，重点在人才互认、推动人才便利流动上发力，围绕"一港、两城、三岛、三谷、多园"的产业布局，聚焦汽车、人工智能、大健康、深海、空天、金融、航运、数字经济等领域，形成职称等级认定规则体系，加大配套支持力度，方便和吸引港澳产业人才携带成果来南沙转化。

二是加快国家海外人才离岸创新创业基地建设。为缩小南沙科研和发展环境与创新密集型国家之间的较大差距，依托以华南技术转移中心为核心总部空间的国家海外人才离岸创新创业基地，以项目合作、顾问指导、定期服务等形式柔性引进高层次人才。针对愿意落地南沙的战略科学家，以重大技术研发和产业化项目资助方式，赋予其用人权、用财权、用物权、技术路线决定权和内部机构设置权，在人才奖励、项目资助、研发补贴、股权投资等方面给予一揽子支持。

5.6 打造科技金融与成果转化融合"试验区"

优化企业融资环境，拓展企业融资模式，提高直接融资比重，盘活社会资本存量，加快构建多元化、多渠道、多层次的投融资体系，打造科技金融与成果转化融合"试验区"。一是充分利用广州金融资源，有效发挥 2000 亿母基金"以投促引"和"以投促创"的功能，以高精尖领域和硬科技前沿领域初创型实体企业和未来产业项目为重点，推动创新创业，促进成果转化；二是精准投放科技信贷，探索将科技成果转化为项目贷款，针对科创企业设立额度高、期限长、利率低的贷款产品，创新知识产权、新三板股份等担保方式，满足企业科技成果转化活动的资金需求；三是有序推进南沙与港澳金融市场的互联互通，支持符合条件的港澳投资者依法申请设立证券公司、期货公司、基金公司等金融机构，并探索开展合格境内有限合伙人（QDLP）境外投资等政策试点，支持南沙金融机构与港澳地区开展合作，设立人民币海外投贷基金，以促进企业科技成果转化，并畅通融资渠道。

案 例 篇

粤港澳大湾区在制度安排上展现出独有的多样性，融合了"一国两制"的治理模式、三个独立的关税领域和三种不同的货币机制，在科技成果转化过程中面临着更大的困难挑战和更多的发展机遇，具备国内外其他城市群所无法企及的巨大潜力，承载着全国对湾区力量接轨国际协同转化的新路径期待。科技成果转化过程牵涉众多主体，都在围绕科技成果转化命题，面对接踵而至的难题，不断破题解题答题，闯出各具特色、富有成效的科技成果转化之路。因此，从创新链、产业链、人才链视角切入，按照行业龙头企业、新型研发机构、省高水平创新研究院、地方性科研院所、战略性高端人才等五大类，共遴选出10个具有典型代表性和借鉴意义的科技成果转化案例，希望向大湾区乃至全国各地推广成功模式，推动科技成果转化工作高质量开展。

案例一　广州巨湾技研有限公司

💡 成果转化

作为中国汽车产业集群的代表地之一，广州汽车工业的变迁之路与中国汽车的崛起之路同频共振。早些年，严重落后于起跑线的中国汽车，只能用"市场换技术"的方式，通过中外合资等路径取得发展。2006年，广汽集团决心打造自主品牌，随即成立了广汽研究院，聚焦汽车前沿技术研发。2007年，出于对新能源前景的看好，广汽研究院建立了新能源团队。2011年实现首款新能源车型量产后，经过对新能源汽车行业发展的系统性思考，专注研发"三电"（电池、电机、电控）核心技术。2014年，深入到电芯领域，团队意识到充电速度与电池能量密度会成为制约新能源汽车普及的两大痛点，于是细分出了一支精兵部队——先进储能材料研究团队展开技术探索，进行极速充电动力电池和新一代突破性储能器及其系统的研发。

经历了两年的技术孵化期，随着"XFC极速电池"基本成熟，2020年9月，作为广汽集团首家内部孵化的民营控股混合所有制高科技企业——广州巨湾技研有限公司（以下简称"巨湾技研"）成立。2021年9月，搭载巨湾技研XFC极速电池的广汽AION V Plus 70超级快充版发布，是全球首个实现3C电池量产装车的案例。2022年，广汽AION V Plus 70极速快充版发布，标志着巨湾技研再次创下全球率先实现6C电池量产装车的纪录。

作为粤港澳大湾区63家全球独角兽企业之一，在外人看来，巨湾技研似乎在一夜之间问世之后就以火箭般的速度不断刷新着业界对"黑科技"的认知。实际上，巨湾技研历经10年沉淀、7年技术攻坚，针对新能源车主的充电焦虑问题，推出XFC极速充电解决方案，正以极速快充、超长寿命、超高安全性等强劲优势为客户赋能，助力新能源汽车产业的高质量发展。从2014年切入电芯领域的研究开始，这场朝着极速充电目标进发的赛跑就开始了。从多达上百种材料配方的选择，到电芯设计、模组与pack生产、整车测试与验证，用7年的时间才走完了全程。这不是天才的横空出世，而是一个有技术情怀的团队"七年磨一剑"的故事。2022年4月，巨湾技研完成近10亿元A轮融资，多家知名投资机构参与，估值超80亿元，成为新能源汽车细分赛道里一颗冉冉升起的新星。

上一个汽车时代，燃油机是中国的技术短板，只能受制于人。新能源汽车时代，巨湾技研已经实现弯道超车，以"充电5分钟，续航207公里"的成绩获得世界纪录认证机构（WRCA）颁发的"最快电动车充电技术"认证，真正实现了"让充电像加油一样快"的充电体验，并率先在全球范围内实现极充动力电池商业化应用，已与6大车企合作立项，全面启动极速充电商用化之路，并联手19家主机厂、26家充电运营商，共同推动超充新生态建设。未来，巨湾技研将以大湾区为起点，在华中、华南、西南、华北多地区布局，辐射全国，继续在中国新能源汽车的"超充"道路上决胜千里，把XFC超充技术锻造成"国之长板"，引领世界新能源潮流。

模式总结

巨湾技研作为广汽集团孵化的企业，其优势在于公司具有差异化的技术储备和规模量产的工程化能力。随着超充技术研发的深入，研究团队面临的难题是如何把突破性研究成果转化为产品，为新能源汽车产业赋能。2018年正值国企改革"双百行动"，广汽入选了改革名单，便着手开展高新技术公司孵化工作，当时的背景水到渠成地加速了巨湾技研的成立。广汽集团最终决定将先进储能材料研究团队独立出去，在真实的市场环境中接受挑战，激发团队科技成果转化活力，最终实现"理论—技术—产品—产业化"的闭环，也可以留住人才和为人才发展提供平台。这启示着我们：企业应当前瞻性进行技术路线差异化布局，形成技术研发优势，按照"成熟一个、孵化一个"的思路，将技术团队孵化成高科技公司，实现将科技成果转化为产业高质量发展的重要驱动力。

案例二　中铁隧道局集团有限公司

💡 成果转化

我国是交通工程运营隧道数量最多、里程最长和服役环境最复杂的国家，其隧道病害多发频发，致使检测任务繁重，大批隧道面临被动式管理，而隧道工程质量检测与修复是隧道运营安全的前提和保障。近年来，隧道检测指标单一、检测效率低下等问题制约着隧道检测技术的快速发展，研发隧道综合检测装备迫在眉睫。

基于智能控制和系统综合集成技术，中铁隧道局集团有限公司研发了隧道结构健康信息智能综合检测装备、检测方舱智能控制系统及雷达天线快速连接装置，实现了隧道衬砌质量检测装备操控自动化、智能化，解决了变尺度空间多测线雷达天线布设、滑动方舱结构设计及智能控制两大难题；研制了空气耦合探地雷达双频天线及低群时延双工器，提出了多通道探地雷达采样时序控制技术，开发了非接触式多通道空气耦合探地雷达系统，实现了不同频率多通道探地雷达快速采集，解决了隧道结构内部病害非接触高效无损检测的难题；提出了隧道结构裂缝、裂损、渗漏水等病害解析智能识别算法，研发了车载式隧道结构表观健康信息采集与智能识别系统，解决了病害特征智能解析与识别难题。该项目成果获授权发明专利6项、实用新型3项、外观专利2项、软件著作权5项，发表科技论文3篇。

隧道智能综合检测装备是一套集非接触式多通道空气耦合探地雷达系统、机器视觉检测系统、车载式三维激光扫描系统三大系统于一身的综合检测装备。其综合作业效率为10～40 km/h，比常规检测方式提升了2～8倍，非接触式空气耦合探地雷达测线6条，机器视觉检测系统往返覆盖范围达290°，三维激光扫描检测覆盖范围达300°，可实现隧道衬砌结构内部病害、表观病害、几何形变一体化快速检测与智能识别，适用于施工期、运营期隧道及地下工程质量无损综合检测。

2021年11月到2022年12月，隧道智能综合检测装备在珠海市鹤州至高栏港高速公路二期工程HGTJ6标、深圳春风路隧道、上海轨道交通市域机场联络线工程JCXSG-11标、深江铁路珠江口隧道等工程中成功应用，其设备综合作业效率为10～40 km/h，一次可完成6条雷达测线检测和隧道表观质量检测，比常规检测方式提升了2～8倍，减少人员投入6人。解决了隧道工程质量高效、及时、精准综合检测的难题，适用于铁路、公路、城市轨道交通等工程建设全寿命周期质量无损综合检测，具有较高的推广应用价值。

模式总结

企业以市场需求为导向，针对现实痛点问题进行自主研发、产品中试、应用推广。需求拉动的科技成果转化模式是企业通过挖掘市场痛点和产品需求，并将市场的产品需求转化为技术成果再转化为最终产品的过程。企业的技术创新聚焦于当前或未来的市场需求，创造出符合市场需求的新技术、新产品，市场自然会为科技成果提供转移转化、价值变现的渠道，科技成果成功转化的概率也将大幅提升。

案例三　广东健齿生物科技有限公司

成果转化

中科健齿口腔颌面植入式医疗器械的研发项目始于陈贤帅博士在香港中文大学读博期间的博士课题。2009年陈博士在恩师杜如虚院士的带领下，完成了博士毕业课题——牙科种植体核心技术的研发，开始对生物医疗器械精密制造领域进行研究。2011年，陈博士携带博士课题回到内地后，在广州先进技术研究所（原广州中国科学院先进技术研究所）成立牙科种植体实验室，对该项目进行研发及孵化。2013年，在中国科学院支持下，陈博士创立广东健齿生物科技有限公司（以下称"中科健齿"），与中国科学院、中山大学中山医学院共建"牙科种植体系统研发平台"，研发出了个性化牙科种植体（图2-3-1）等多项核心技术，完成了技术集成与中试，进而产生了第一项科研成果。

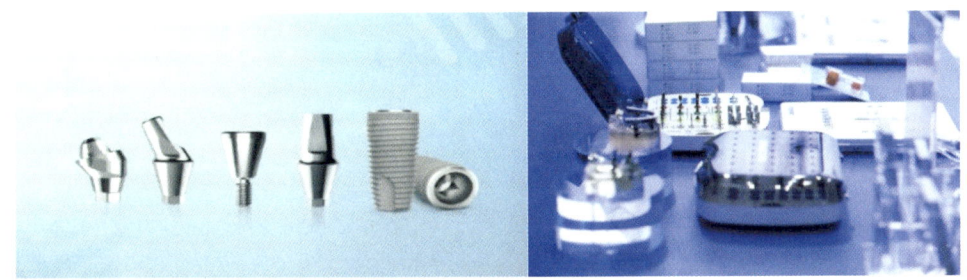

图2-3-1　牙科种植体样品

为了将科研成果转化为先进生产力，2013—2014年，陈博士携项目研究成果参加国内知名创新创业大赛，荣获中国创新创业大赛一等奖等8项全国创赛大奖，包括创业中国、中国创新创业大赛、"春晖杯"创业大赛等。2015年，经南沙区政府引荐与支持，公司获中科招商集团数千万元 A 轮投资，获批为广东省先进生物医疗器械制造工程技术研究中心，创立全资子公司并建立生产基地，建立专业三类医疗器械 GMP 厂房。2016 年，获得中科招商 A+ 轮追资，中科健齿成为国家高新技术企业。2018 年，完成中海资本集团数千万元 B 轮融资。2019 年，完成广投集团、柳州金控 B+ 轮融资。2020 年，产品获得 NMPA 国家三类医疗器械许可证，并完成深圳中科成长基金数千万元 B++ 轮融资。2021 年，建设国际先进水平华南创新中心并完善产业链布局，投资数字化义齿加工公司，成立骨科公司及高端种植示范中心，投资口腔医院，整合口腔领域上下游。完成中海科健 B++ 轮融资。2022 年，个性化基台获得 NMPA 国家三类医疗器械许可证，完成 B+++ 轮过亿元融资。

2015 年，科技成果正式开始产业化，广州中国科学院先进技术研究所以 48 项专利作价近 300 万元入股公司，按照 4300 万元左右的公司估值，获得公司 7% 的股权。2022 年，广州先进技术研究所在中科健齿进行多轮融资后，已完成对其股权 1800 万元的现金转让，成功回哺研发机构自身。2023 年，经过 8 年的成长，公司目前估值 20 亿元人民币，实现了近 50 倍的增长。预计 2025 年公司将登陆资本市场，按照券商提供的初步估价，预计上市时，公司的市值将突破 100 亿元人民币。该科技成果以最初的 300 万元价值，到公司 IPO 后，实现了 230 多倍的增长。该成果转化产品之一的牙种植体 2023 年初入选了国家集采名录，公司预计每年可生产 50 万套牙种植体，每年产值将超过 4 亿元。

模式总结

1.构建"以人才为核心"的转化模式

中科健齿坚持"人才是第一生产力"，构建"以人才为核心"的发展模式，由国家高层次人才陈贤帅博士领衔，中国科学院原班核心技术骨干为班底的研发团队，拥有包括院士、国家高层次人才、全国劳模、珠江新星等在内的人才梯队。在高层次人才的引领作用下，公司的市场竞争力逐年提升，科技成果产出量也连续提升，目前主持制定 4 个国家标准，拥有专利总数占全国此领域的 40%；在 3D 打印植入物专利方面，排名为全国企业类单位第一，获得"国家知识产权优势企业"等称号。

2.产学研合作模式提高企业竞争力

中国的口腔修复领域市场空间超过2000亿元/年,但是,目前中国市场上95%以上是国外品牌。为了打破国外品牌在口腔修复领域的垄断,公司充分利用大湾区高校院所的科研优势,通过与高校院所展开产学研合作,加快技术研发,快速完成突围。目前,公司已和国内外20余家高校院所展开深度合作,包括香港中文大学、香港大学、中山大学、暨南大学、南方医科大学等,已拥有省级工程中心4个、市级重点实验室1个及院士工作站1个,保障了中科健齿长期保持强劲的市场竞争力。

案例四　广东华中科技大学工业技术研究院

💡 成果转化

广东华中科技大学工业技术研究院（以下简称"华科工研院"）是广东省科技厅、华中科技大学和东莞市政府联合建立的新型研发机构，旨在促进区域创新体系的建设，提升广东省制造业的技术革新能力及整体竞争力，加速产业转型与升级。经过十几年的发展，以华中科技大学的专业优势为基础，将学校的科研成果进行工程化开发，为当地新产业的培育播下"秧苗"，在发展建设中逐渐形成"团队建设专职化、产品研发高端化、技术服务规模化、产业孵化链条化、体制机制灵活化"的特色，被《人民日报》《焦点访谈》誉为"全国新型研发机构的典型代表"。

"青苹果-红苹果-苹果林"是华科工研院首创的高校成果转化理论。在科技成果工程化应用方面，"青苹果-红苹果-苹果林"即对应"样品-产品-产业"，是指打通创业服务链条，把高校好看不好吃的"青苹果"变成好看又好吃的"红苹果"，在"红苹果"的基础上，通过延链补链，发展系列化、多元化配套产品，形成"苹果树"，再转变成产业集群的"苹果林"，甚至进一步发展成"苹果商"。

"青苹果"是如何走出实验室，变成货架上的"红苹果"的？曾经在广交会上出现的一款备受青睐的智能机器人产品"易学步"，其雏形是华中科技大学学生的一项小发明，华科工研院为此组建了一支20多人的科研人才团队，并经过两年攻关，使"青苹果"完成了向"红苹果"的转化。一位希望从传统模具行业转型的东莞老板出资500万元与华科工研院一起成立了易步机器人公司。2011年，"易步车"开始量产，至今已形成3亿元以上的产值，产品在全球80多个国家销售。

"红苹果"又是如何形成"苹果树"的?华中科技大学的一项国家"863计划"重大专项成果——RFID全自动封装生产线的样机,在被华科工研院由"青苹果"成功开发成"红苹果"后,华科工研院结合广东省发展物联网产业的需求,自主开发了电子标签、超高频读写器等核心产品,形成了全方位研发和产业化体系,从而使单个"红苹果"转变为物联网产业的"苹果树",形成了全方位研发和产业化体系[①]。

模式总结

一是"近距离－零距离－负距离"的技术服务模式。"近距离"是指华中科技大学在建设华科工研院的同时,在东莞建立制造学科的六大国家级研究平台分中心或分室,拉近了学校成果与企业需求的距离。"零距离"是指研究院进一步深化与地方产业的融合,创建了东莞唯一的省级重点实验室,并且带头建立了广东省针对战略性新兴产业(特别是物联网领域)的基地。此外,研究院还安排了科技特派员常驻企业,提供直接的科技服务,确保了与企业需求的即时对接。"负距离"则指的是华科工研院建立起促使企业能够主动寻求合作的技术服务机制,实现了超越传统服务模式的主动式技术服务接洽。目前,这一服务模式已经向包括华为、美的、劲胜在内的领军企业以及超过4000家的中小型企业提供了新产品设计、高精度加工、出口产品检测等高端服务。特别是在注塑机节能改造领域,在东莞取得了60%的市场占有率,成为服务企业数量最多的提供者。

二是"保姆－伙伴－向导"的产业发展模式。"保姆"是指像保姆一样帮助企业改造设备、提升管理水平。这种模式在一定程度上改变了本地传统产业依赖落后生产设备和进口的状况,有助于企业减少运营成本,提高生产效率。"伙伴"指的是在推进新兴战略产业的过程中,基于机构的技术专长和企业的市场扩展能力、生产管理知识,共同形成合作伙伴关系,以促进共同成长。"向导"是指利用自身多通道融合显示技术优势,积极引领未来产业发展,从而依托科技成果转化服务传统产业、战略性新兴产业及未来产业。

---

① 叶青. 从"青苹果"到"苹果林"工研院体制创新 成功探索科技经济结合新模式[J].广东科技,2015,24(7):77-79.

案例五 广东粤港澳大湾区国家纳米科技创新研究院

💡 成果转化

广东粤港澳大湾区国家纳米科技创新研究院（以下简称"广纳院"）是由国家纳米科学中心联合广州高新技术产业开发区共同打造的广东省高水平创新研究院，结合纳米科技成果属性特征，积极探索科技成果转化路径。

一是牵头或参与搭建高水平创新发展平台，产出拥有自主知识产权的高端科技成果。广纳院牵头组建了广州开发区知识产权成果转化联盟，参与粤港澳大湾区国家技术创新中心、国家药监局纳米技术产品研究与评价重点实验室、广东微纳传感元器件创新中心的建设，搭建了微纳加工创新平台、纳米科技与产业大数据平台、纳米生物安全评价研究中心（GLP）、纳米生物医药中试平台（CDMO）等一批高水平工艺平台，支撑国家药监局纳米技术产品研究与评价重点实验室建设。目前广纳院已取得系列重大成果，稀土发光照明LED项目打破了国外技术封锁，具有完全自主知识产权；5G射频滤波器项目已经投产，开始了国产替代进程；磁自旋晶体管集成电路项目为国际首创新原理颠覆性技术，有望打造万亿元级市场空间。已完成专利申请113件，其中发明专利87件，PCT专利1件，实用新型21件。

二是联动产学研力量推动纳米技术成果不断熟化。广纳院积极邀约科学家和优秀企业家协同开展纳米产业重大前沿和关键共性技术攻关，加快新技术和新产品的开发。已引入全国范围内28个技术攻关和产业化项目（含6项院士主持项目），与日本爱发科株式会社、中山大学附属第三医院共建联合实验室，不断深化与行业协会、高校院所、创新平台之间的合作，协同开展纳米关键技术攻关及产业化应用。

三是自主建设运营纳米技术成果转化承接载体。以"中国纳米谷"建设为核心，建设纳米制造与智能技术产业园、纳米医疗与健康技术产业园、纳米能源与环境技术产业园、精准纳米设计与超材料产业园和国家纳米生物安全中心建设，积极承接国内外纳米科技创新成果的转移转化和产业化，孵化了一批高科技创新企业，培育纳米产业集群。广纳院成立了包括广东广纳芯科技有限公司、广东广纳新材料有限公司等在内的14家公司，积极承接并转化国内外最新纳米科技成果。

模式总结

作为广东省高水平创新研究院，广纳院的最大优势在于高质量的科研成果。我国目前纳米技术研发硕果累累，但企业承接能力低、创新成果产业化转化少，原因是缺失科技创新链九级技术成熟度中的4～6级。广纳院建成纳米科技"基础研究–应用研究–产业化"的链条，形成"政府–科研机构–产业化基地–企业"上下联动的产业发展生态，从而确保纳米科技成果从研发之初得到政企研资源支持。

案例六　广东省科学院生态环境与土壤研究所

💡 成果转化

近年来，广东省科学院生态环境与土壤研究所高水平科技成果丰厚，获得国家科技进步二等奖 2 项、广东省科学技术一等奖 2 项、广东省科技进步一等奖 1 项、广东省自然科学一等奖 1 项、中国专利银奖 1 项、中国专利优秀奖 1 项、广东省专利金奖 1 项等；国际学术论文成果丰硕，近 5 年来，发表 SCI 论文 528 篇，其中自然指数论文 77 篇，中科院一区论文 251 篇；国家级项目基础扎实，主持"十三五"国家重点研发计划项目/课题、国家杰出青年科学基金、国家基金重点、国家联合基金、国际合作重点等项目共 18 项，具备了较强的解决国家重大科技需求的能力。

重大科技成果包括：稻田镉砷污染阻控关键技术与应用、矿物 – 胞外呼吸微生物间电子转移机制及其环境效应、典型重金属污染耕地精准治理技术及标准化应用、城市生活污泥资源化利用技术及装备、广东省典型区域土壤环境质量及农产品安全研究、土壤资源及其作物适宜性图谱研究等。广东省科学院生态环境与土壤研究所依托其在土壤污染控制与农产品安全、土壤改良、土壤场地调查与风险评估、土固体废弃物资源化利用等方向的专业优势、人才优势和技术积累，以研究所专利技术成果为抓手，积极开展科技成果的转移转化工作，科技成果转化具体情况见表 2-6-1。

案例六 广东省科学院生态环境与土壤研究所

表2-6-1 广东省科学院生态环境与土壤研究所科技成果转化情况

序号	科技成果名称	专利类型	专利号	转移受让方或转化合作方
1	一株固氮螺菌及其微生物制剂	发明专利	ZL201210449087.1	广州天壤生物科技有限公司
2	好氧发酵单元以及由其组成的发酵装置	发明专利	ZL201310217925.7	
3	一种腐殖酸硅钙镁肥及其生产方法	发明专利	ZL201110217243.7	东莞市标塑新材料有限公司
4	一种移动式重金属水处理器	实用新型专利	ZL201520495122.2	
5	一种处理有机废水的方法	发明专利	ZL201110302520.4	上海应技大技术转移有限公司
6	一种重金属吸附剂及其制备方法和应用	发明专利	ZL201110302519.1	
7	工业偏钛酸为原料制备高活性二氧化钛溶胶的方法	发明专利	ZL200510037505.6	济南凯业天祺生物科技有限公司
8	Method for producing high-active titanium dioxide hydrosol by using metatitanate as precursor	美国专利	US7897137	
9	メタチタン酸を前駆体とする高活性アナターゼ型二酸化チタンゾルの製造方法	日本专利	特许第4519101号	
10	一种利用城市污泥固态发酵生产的微生物杀虫剂及其制备方法	发明专利	ZL200810026813.2	广州福之源环保科技有限公司
11	一种微生物电池装置及城市污泥的处置方法	发明专利	ZL200910041235.4	

续表

序号	科技成果名称	专利类型	专利号	转移受让方或转化合作方
12	一种铁硅硫多元素复合生物炭土壤重金属调理剂的制备方法	发明专利	ZL201610115576.1	佛山市铁人环保科技有限公司
13	Composite foliage Si fertilizer for lowering contents of heavy metals and nitrate in vegetable, and preparation method thereof	美国专利	US9017444	佛山市铁人环保科技有限公司
14	一种铁基-腐殖质复合材料及其在土壤重金属污染治理中的应用	发明专利	ZL201510390750.9	中向旭曜科技有限公司
15	一种缓释型铁基生物炭土壤重金属钝化剂制备及使用方法	发明专利	ZL201610071104.0	中向旭曜科技有限公司
16	一种稻田土壤镉砷同步钝化剂及其制备方法与应用	发明专利	CN201810816810.2	中向旭曜科技有限公司
17	一种生化需氧量的测定方法和BOD传感器及应用	发明专利	ZL200910041601.6	福建省致青生态环保有限公司
18	一种快速测定水溶性有机物电子转移能力的方法	发明专利	ZL201110062053.2	福建省致青生态环保有限公司
19	一种快速确定堆肥腐熟度的方法	发明专利	ZL201210118480.2	福建省致青生态环保有限公司
20	一种具有铁还原能力的新菌种及其应用	发明专利	ZL2016101093572	天泓（济南）智能装备产业研究有限公司
21	一种直观的生物膜电活性检测方法	发明专利	ZL201710617415.7	天泓（济南）智能装备产业研究有限公司
22	一种灵敏度强、可分解的量子点纳米球探针及其制备方法	发明专利	ZL201710616843.8	天泓（济南）智能装备产业研究有限公司

模式总结

1. 企业孵化及技术融资

广东省科学院生态环境与土壤研究所孵化企业佛山市铁人环保科技有限公司（以下简称"佛山铁人"）与佛山市环境保护投资有限公司（以下简称"佛山环投"）于2020年5月22日正式签署增资扩股协议。三方合作实现优势互补，促进研究所成果转化，实现国有资产保值增值，为加快推动农田土壤重金属污染治理业务注入新动力，为国家土壤污染防治攻坚战贡献科技与产业创新力量。完成增资扩股后，佛山环投成为佛山铁人的第一大股东，股权结构更加优化，由过去的个人持股为主变为国有控股，事业单位与科研合伙人平台持股。

2. 专利转让及许可

广东省科学院生态环境与土壤研究所向广州天壤生物科技有限公司、东莞市标塑新材料有限公司、上海应技大技术转移有限公司、济南凯业天祺生物科技有限公司、广州福之源环保科技有限公司、佛山市铁人环保科技有限公司、中向旭曜科技有限公司、福建省致青生态环保有限公司等企业转让专利，将科技成果推向工业化生产线，获得产品认证。

3. 产学研合作

通过组织开展产学研结合基地科研创新实践活动，广东省科学院生态环境与土壤研究所积极推进高校科技成果转化和技术开发。以培养具有专业理论基础、较强实践能力和广阔视野的地理学、环境科学领域专业人才为共建目标，与高校联合培养研究生，充分发挥其作为广州市属高校产学研结合基地单位的人才培养及成果转化作用。

案例七　广工大数控装备协同创新研究院

💡 成果转化

佛山市南海区广工大数控装备协同创新研究院（以下简称"广工大研究院"）是于2013年由广东省科学技术厅、佛山市人民政府、佛山市南海区人民政府、佛山高新区管理委员会和广东工业大学五方共建的地方性科研院所，以服务佛山科技创新和产业发展为导向，聚焦智能装备领域技术研发、成果转化、企业孵化、人才培养等核心环节，对接转化一批重大科技创新成果，取得系列显著成效。

一是发挥公共服务平台优势，帮助企业解决技术难题。广工大研究院结合佛山当地产业技术发展需求，整合清华大学、香港科技大学等科研院所及汇博机器人、佛山固高等企业的专家和技术资源，帮助佛山企业解决了数字化转型中面临的大量技术难题，至今已为中富电梯、法恩洁具、万和电气等超过1200家本地企业提供了服务。

二是打造科技成果转化资源集聚枢纽平台。截至2022年10月，广工大研究院通过建立"智汇+"产业创新成果推广平台，已服务超过310 000项科技成果，帮助实现超过1.8亿元的成交金额。广工大研究院成功吸引了300多位国际和国内的顶尖人才，同时培育了280个高科技创业团队，并助力230家高科技企业的孵化发展；在专利授权方面，获得累计超过2000项专利授权，包括500多项发明专利和250多个核心技术产品。

三是布局发展战略性新兴产业，助力佛山制造业转型升级。广工大研究院整合科研资源，专注于关键技术的突破，助推科技成果的应用和产业化进程，取得了明显的成就。在半导体领域，研究院领导创建了广东省半导体智能装备与系统集成创新中心，吸引了21家相关企业加入，建立了国内首个以本土装备和材料为基础的大板级扇出型封装生产线。在智能机器人领域，由研究院管理的中国（广东）机器人集成创新中心已经汇集了20多家企业，为超过500家企业提供服务，并推动了超过20亿元的产值增长。

模式总结

作为政府和高校共建的地方性科研院所，广工大研究院的核心使命是发挥科研资源优势，服务当地产业高质量转型升级。广工大研究院打造了"技术＋人才＋资本＋市场"多方面关键因素捆绑式科技成果转化模式，为重大科技成果的转化及产业化提供全流程"保姆式"服务，服务内容涵盖了建立专业的智能装备研发团队，这些团队深入到企业现场，准确把握技术需求，并有针对性地进行关键技术的研发和成果的实际应用转化，并携手广州起点资本、粤科投资、诺辉资本等超过10个投资实体，共同成立了智能制造（广工大）资金联盟，旨在满足园区内企业和金融投资者对千万级资金的需求，为逾3000家地方企业、高等教育机构和职业学院等提供服务，累计创造产值逾30亿元，税收贡献超过1亿元，带动新增产值超50亿元。

案例八　中国科学院深圳先进技术研究院

成果转化

中国科学院深圳先进技术研究院（以下简称"深圳先进院"）成立于2006年2月，是中国科学院、深圳市人民政府及香港中文大学三方共建的事业单位，是深圳首个国立科研机构，也是国内第一家以集成技术为学科方向，从事现代服务业、自主创新研发的科研机构。由于深圳先进院在建设发展中采用了新型管理体制和运行模式，形成了以科研为主，集科研、教育、产业、资本于一体的功能体系，并在国家创新体系和区域源头创新中显示出重要的作用和价值，已然成为我国新型研发机构的一面旗帜。

在科研活动及成果产出方面，深圳先进院从早期以集成技术活动为主，到现今布局了机器人与人工智能、生物医学工程、生物医药、脑科学、合成生物学、先进材料、碳中和等前沿学科，在众多科技领域实现了由"跟跑"到"并跑"，甚至在生物医学工程、脑科学、合成生物学、生物医药、精准医疗与营养等领域实现"并跑"的重大跃升。截至2022年10月，深圳先进院承担项目的经费累计超140亿元，发表论文累计超1.2万篇，专利申请累计总量超1.3万件，孵化企业累计超1500家，持股企业344家。

在成果转化和创业孵化方面，深圳先进院坚持面向产业开展研发，致力于孵化新产业和推动传统产业升级。与华为、中兴、创维等知名企业签订超700个工业委托开发及成果转化合同，与企业共建联合实验室百余个，合作开展产学研项目申报超过800个，产业化收入金额累计近29亿元。并通过创业投资基金、孵化器等的建设，持续开展创业孵化服务。

2022年11月，沃特股份"牵手"深圳先进院合成生物学研究所的罗小舟团队，创办了生物化学应用联合创新中心，自成立以来，双方多次讨论，确定了具体的研发方向，主要围绕生物基高分子材料、动植物营养等方面，在前沿技术研究、新产品开发、技术平台建立以及人才培养等多层面开展广泛合作。

沃特股份主要从事高分子材料的研发与制造，包括液晶聚合物（LCP）、聚四氟乙烯（PTFE）、聚砜（PSU）以及特种尼龙（PPA）等，目前已拥有300余项境内外的发明专利，这些高分子材料中大多在创新产品上具有较好的应用前景，例如，由LCP制造的电子产品让移动办公设备更加轻薄，通信速度更快；由PTFE制成的布满圆形小凸点的材料可以应用于跨海大桥的桥墩与桥面之间，起到防滑减震的作用。高分子材料作用巨大、应用广泛，但大多数高分子材料是石油化工材料，是以石油基化学法生产的，不仅对环境造成影响，也需要消耗大量的不可再生资源，难以满足新材料行业的新需求。在此背景下，沃特股份急需寻找出解决原材料难题、降低环境污染的有效办法。

合成生物学被认为是"21世纪最值得关注的行业之一"，其具备"以生物造万物"的"魔法"，已广泛应用于医药制造、化工生产、新材料、食品等多个行业。深圳先进院罗小舟团队在合成生物学领域具备相关的技术积累，能够通过生物技术对微生物进行改造，从而酿造出更多高分子材料所需要的单体，使得这些材料更清洁环保且性能更佳，而这也恰好符合沃特股份的需求，也因此双方一拍即合，成立了生物化学应用联合创新中心。在双方合作中，深圳先进院在产业方向认知、科技成果转化上具有优势，且其是以产品中试和量产为导向的，其中罗小舟团队利用20种研发工艺，对各类酶进行改进、对不同的通路进行优化，已经成功培育了基于不同生物合成途径的十几个底盘菌株，这些底盘菌株在生物合成中具有更高维度的特性，更接近最终产物，展示出了卓越的科研能力。比如，以酿酒酵母为底盘细胞，罗小舟团队已经生产出包括被称为"液体黄金"的液体新材料橡胶在内的多种产品。借助深圳先进院产业化的优势，沃特股份有望在未来推出更多新型高分子材料产品，进一步实现科技成果成功转化和产业化[①]。

---

① 陈小慧."合成生物+新材料"铸牢制造业"底盘"[N].深圳商报，2023-03-01（A03）.

模式总结

1. 线性模式：以成果转化为轴线

线性模式主要以成果转化为轴线，经历四个阶段：第一阶段是从项目联合申报到专利布局，再到对接产业的需求，最终形成成果转移转化；第二阶段是以专利成果的许可和转让为主，分别形成短期收益、中期股权价值和长期股权变现；第三阶段是外溢机构的网络化联动，在全国各地设立多个合作机构，每一个合作机构都对应深圳先进院所属研究所的学科领域，定向转化；第四阶段是在深圳各个区设立成果转化创新载体。

一方面，深圳先进院探索构建产业与资本紧密结合的运营模式和创新生态，利用"布什范式"线性模型（图2-8-1），从基础研究到应用研究，再到产业开发，形成从科学发现到技术创新的单向流动。以机器人领域的实践为例，深圳先进院组成多学科交叉团队，着力攻关并产出一批具有前瞻性、基础性和原创性的研究成果，通过核心技术系统集成，研发智能机器人，进而在产业联盟的产业化运作下，实现市场化推广。

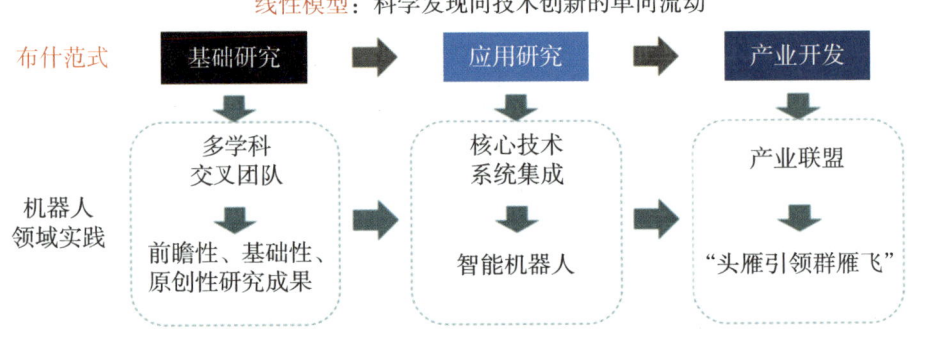

图2-8-1 深圳先进院"布什范式"图解

另一方面，深圳先进院还积极探索"巴斯德范式"下的反向流动，通过应用引发基础研究。在集成电路领域，深圳先进院着眼集成电路生产难的问题，攻克五大"卡脖子"材料，成功实现芯片应用。通过科学知识与商业价值合二为一的双向流动，推动产业化"源头对接模式"的发展。

2. 非线性模式："0—1—10—∞"的蝴蝶模式

深圳先进院创造性地提出"蝴蝶模式"（图2-8-2），以新型研究型大学或科研院所为"蝶头"，以基础研究机构为"蝶胸"，科教融合，突出"0—1"的原始创新；以重大科技基础设施和"楼上楼下"创新创业综合体为核心支撑，实现科技和产业的有效衔接，助力"1—10"的成果转化；同时，以"有为政府"和"有效市场"为双翼，通过协调联动，推动"10—∞"的能级跃升，科学和产业两只"巨手"跨越"死亡之谷"紧密相连。"蝴蝶模式"是深圳先进院作为新型科研机构在推动成果产业化上的一个创举，很好地解决了科技与产业"两张皮"的问题，为深圳产业链、创新链、人才链、教育链"四链融合"的体制机制创新提供了具有推广意义的样本。

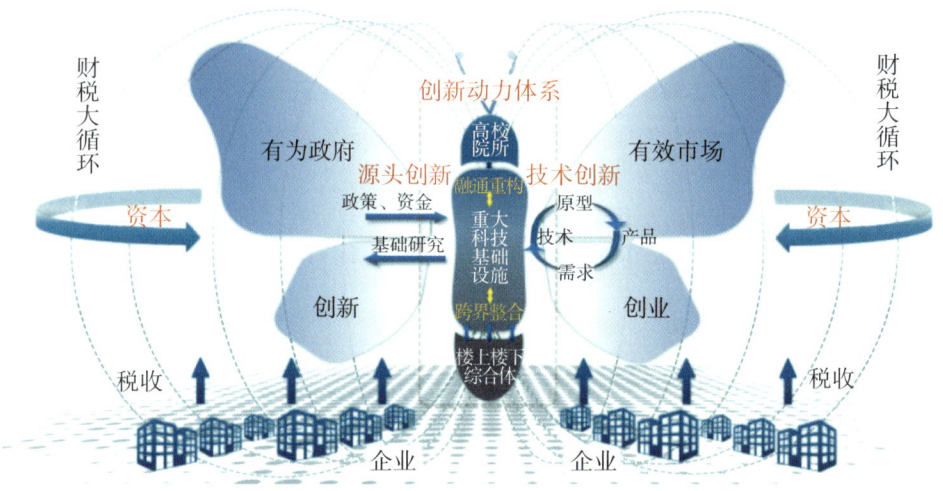

SIAT五引：科技引企、人才引企、设施引企、政策引企、资本引企

图2-8-2 深圳先进院"蝴蝶模式"图解

3. "楼上楼下创新创业综合体"模式

深圳先进院通过"楼上楼下创新创业综合体"打通创新链和产业链，打造成果高效转化新机制（图2-8-3）。通过承担深圳市重大基础设施建设工程，持

续拓宽基础研究领域，重视基础研究在创新链和产业链中的核心作用，实现产学研协同创新。以深圳市合成生物基础设施为例，深圳市工程生物产业创新中心采用楼上开展原始创新，楼下进行工程技术开发和中试的模式，进行创新创业综合体探索。

合成生物——以"楼上楼下"创新创业综合体打通创新链和产业链

图2-8-3　深圳先进院"楼上楼下"创新创业综合体图解

案例九 深圳清华大学研究院

💡 成果转化

深圳清华大学研究院（以下简称"清华研究院"）是深圳市政府和清华大学于1996年12月共建、以企业化方式运作的事业单位。清华研究院通过体制机制创新，建立了产学研深度融合的科技创新孵化体系，推动了学校科技成果的成功转化，进而促进了地区经济社会的发展。在科学研究和技术开发方面，研究院成立了100多个面向战略性新兴产业与未来产业的研发平台，引进培育重大科研项目团队，为国家解决重大关键领域"卡脖子"问题，申请专利600余项。在成果转化和企业服务方面，研究院为科技型企业提供了"一揽子"科技金融和孵化服务支持，加速科技产品走向市场，组织实施了高端半导体激光器、红外快速体温筛检仪等150多项科技成果转化，与200多家企业签订400多项技术合同，累计孵化3000多家企业，培育了30多家上市公司，投资企业近500家。

自消杀抗新冠病毒功能材料是一种新型纳米复合材料，通过在物体表面上涂覆这种高分子复合材料，可以高效杀灭细菌和病毒，从而实现自消杀和防护的双重效果。2021年10月28日，清华研究院对外发布了自消杀抗新冠病毒功能材料前沿技术及产业化系列产品的运用场景，并表示将含有自消杀抗新冠病毒功能材料的薄膜贴到携带新冠病毒的物体表面，5分钟内就能消灭病毒，有效率达99.69%。该项目2018—2021年投入研发成本共计数百万元，并在2022年取得深圳市抗疫专项项目500万元研发经费。在此基础上，研究团队30余人先后研制出自消杀抗病毒成膜剂等多项相关发明专利。2021年，清华研究院对该成果分两批次进行知识产权作价入股，分别以知识产权作价615.43万元和1000万元入股深圳市力合云记新材料有限公司。自消杀抗病毒功能材料成果转化为政府节约疫情防控支出、保护人民生命健康、维持正常生活秩序作出了积极贡献。

💡 模式总结

1. 运行管理模式："四不像""三无""五个第一"

自建院以来，清华研究院围绕自身发展目标，积极开展运营模式、管理体制机制等方面的创新探索，首创了"四不像"理念及模式：既是大学又不完全像大学，既是科研机构又不完全像科研院所，既是企业又不完全像企业，既是事业单位又不完全像事业单位。同时，研究院还具有"三无"的特点，即无行政级别、无事业编制和无财政拨款。

在创新管理模式下，清华研究院创造了"五个第一"：成为中国第一家新型科研机构；第一个创立了新型研发机构"四不像"运行管理模式；是第一家创立了新型科研机构的创业投资公司；是第一家开创新型科研机构科技金融平台的机构；在北美创立的创新创业中心是国内新型科研机构中的第一个海外创新创业中心。

2. 立体式孵化模式：产学研深度融合的科技创新孵化体系

研究院的核心使命是要为深圳产业发展植入创新基因和增加科技源头供给。为实现这种"混成"的系统功能，研究院经过20多年的深入分析与钻研，通过成立创新中心、孵化基地、科创服务平台（深圳力合创业投资有限公司）和科技金融公司（深圳力合金融控股股份有限公司），聚集了创新产业链的人才、载体、技术、资金四大要素，逐步形成了"产学研深度融合的科技创新孵化体系"（图2-9-1）。这种立体式的孵化模式，有效实现了清华研究院六大业务板块的有机联动，全方位孵化和聚集科技项目、科技成果、企业和人才，形成了创新价值的循环增值。

案例九　深圳清华大学研究院

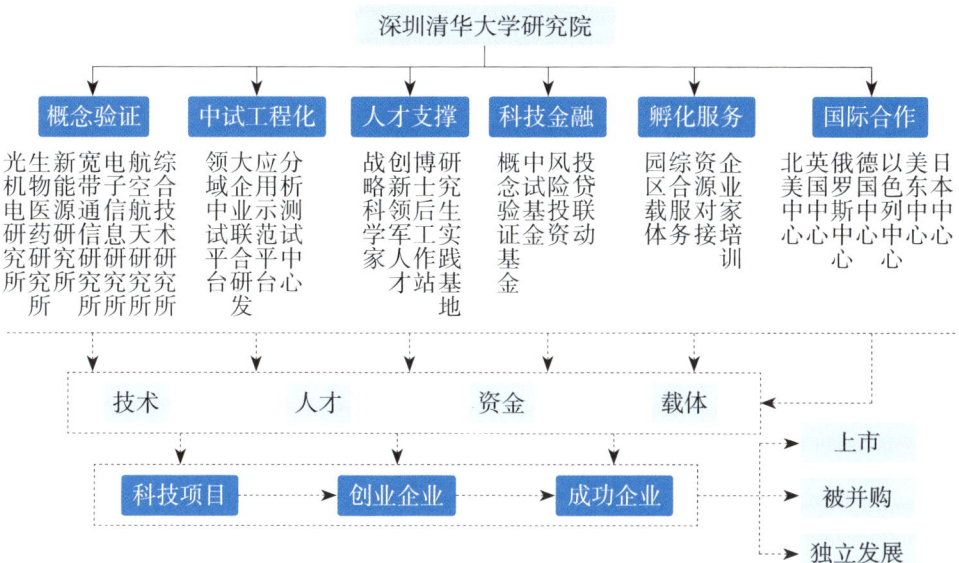

图2-9-1　清华研究院产学研深度融合的科技创新孵化体系

案例十　企业科技特派员"精准特派"新模式助力科技成果高效转化

转化成效

人才是第一资源，也是创新活动中最活跃、最积极的因素。华南技术转移中心（以下简称"华转中心"）坚持以人才为核心，推动科技人才全链条参与技术转移转化，推动科技成果直接转化到企业车间。目前，传统技术转移模式以技术专利、技术交易额、科技成果等为核心，通过专利、成果等的转让和交易实现成果转化，容易在产品化、商业化过程中面临各种体制机制的制约，也是技术转移"高难"症结所在。

企业科技特派员是广东省自 2008 年 6 月启动的引才项目，至今已有来自全国 260 多所高校、科研院所的数千名科研人员成为广东省企业特派员，服务了数千家企业，取得了显著成效。为贯彻落实习近平总书记对科技特派员制度推行 20 周年作出的重要指示精神，按照"企业为主体，市场主导，政府引导"的工作思路，2020 年，广东省依托华转中心，在全国率先探索"以企业技术需求为导向"的企业科技特派员"精准特派"新模式，采用"揭榜制"破解企业科技特派员任务不明确、对接不精准、积极性不高等难题，实现企业精准发布技术需求、精准招募创新人才、供需双方精准匹配、入驻企业精准解决问题、精准达到企业预期效果。

华转中心依托"广东省企业科技特派员"专项改革，通过线上平台为企业技术需求与科技人才揭榜对接提供精准匹配服务，线下举办企业科技特派员地市行系列活动，让科研专家为企业技术"疑难杂症""号脉"诊断，借助科技人才驻厂这一新型方式，使高校、科研院所的研究能力和成果应用于企业实际的研发和生产中，以帮助企业解决实际技术问题，在全国率先打造以"人才"为核心的技术转移模式。截至2023年，集聚来自清华大学、北京大学、电子科技大学、华中科技大学、香港生产力促进局、澳门科技大学等378家优质特派员派出单位的4081名全球高端科研人才成为广东企业科技特派员，提供针对企业技术需求的解决方案达1753项，共有1172项关键技术成果对接转化，实现技术交易额超过4亿元。

模式总结

华转中心自启动运营以来，一直在全力探索技术转移新模式，有效破解"低频、高难、非标、长线"四大行业痛点。与传统技术转移模式大多着重于从技术供给端如专利等发力不同，华转中心提出了一种新型转移路径，即以企业技术需求为出发点，突出以人才为转移核心，探索根据企业的技术需求精准匹配技术人才的模式。具体而言，企业发布精准需求，平台进行精准对接，科技特派员精准响应。借助华转中心平台的协同机制，实现了对接时间的缩短、技术方案的更强针对性、技术匹配度的提高。这一模式的独特之处是从企业需求出发，以企业科技特派员为纽带，寻找具备后续研发能力且能协助企业解决技术问题的团队，实现能力的高效对接，通过团队对技术方案的持续跟踪和改造升级，与企业建立起长期的合作关系，显著提高科技成果转化的质量和效率。

附 录

附录1　粤港澳大湾区科技成果转化代表机构巡览

表1　粤港澳大湾区科技成果转化代表机构巡览[①]

序号	机构	简介
1	澳门生产力暨科技转移中心	澳门生产力暨科技转移中心成立于1996年，是一个由澳门特别行政区政府与民间合办的非营利组织，该中心致力协助澳门工商企业有效地利用思维、意念、信息和资源来增加产品和服务的附加值，最终目的是提升企业的产值及市场竞争力。该中心除了致力于在自身工作范畴中实践资讯科技实际应用外，多年来也积极推动澳门资讯科技行业的发展。2021年，该中心合作提供172个资讯系统及科技类课程，学员达3069人次；VUE考试中心为883名考生提供了证照考试服务，同比增加约五成。2022年，该中心成功备案为澳门第一批内地表内地认可的职业技能等级认定社会培训评价组织

特此说明：

a. 机构排序按首字拼音顺序。

b. 以上列出机构仅为部分代表性机构，整理过程中难免有所疏漏。

c. 本表内容根据网络公开资料整理，数据真实性由资料来源网站承担。如有合作意向，请自行科学地分析和判断，本书对未来可能发生的商业合作及投资事项不承担责任。

[①] 机构排序按首字拼音顺序。

续表

序号	机构	简介
2	大湾区科技创新服务中心（广州）有限公司	大湾区科技创新服务中心成立于2018年12月21日，是在广州市人民政府的支持下，在广州市科技局的指导下，由广州国贸发展股份有限公司牵头，联合广东省创投协会等各相关机构共同参与组建的。该中心定位为"粤港澳大湾区一站式科技金融服务平台"，着力打造"两联盟、三大数据库、四平台"的运营模式。即粤港澳大湾区的一站式服务体系，粤港澳大湾区科技金融联盟和广州市科创板上市促进联盟，重点打造企业数据库、机构数据库、科技成果库，建立创新创业服务平台、成果转化服务平台、投融资对接服务平台、上市并购平台。该中心在省市区政府的共同推动下快速发展，先后承办了中国创新创业大赛（广东·广州赛区），该中心组建成立了全省首个粤港澳大湾区科技金融联盟以及全市首个科创板上市促进联盟，参与组建2亿元规模的"广州南山科创基金"（由钟南山院士领衔的广东省南山医药创新研究院作为牵头机构，大湾区科技创新服务中心作为投融资及投资顾问合作设立）等多支基金。该中心已发起或加入企投家联盟等六大联盟，投50人论坛，广州投控金融联盟等重要活动。
3	电子科技大学广东电子信息工程研究院	电子科技大学广东电子信息工程研究院于2007年8月17日由东莞市人民政府、广东省科学技术厅和电子科技大学联合共建，是电子科技大学第一个校地共建的产学研一体化平台，同时也是国家技术转移示范机构、国家级科技企业孵化器、广东省部产学研合作创新平台、广东省首批新型研发机构、东莞市首批校地共建平台之一。截至2021年12月，该研究院已连续2年在科技部国家科技企业孵化器评定考核中获优秀，连续5年在广东省科技企业孵化器评定中获优秀，连续5年在东莞市新型研发机构考核中获优秀，并发展成为粤港澳大湾区科技创新和产业培育的重要创新平台。在科技成果转化方面，该研究院以"技术+资本"的模式，着力打造高新科技成果转化和科技企业孵化，专注于集成电路、智能装备、人工智能、网络空间安全四大产业方向，其中创业空间累计培育各类科技企业近200家，其中高新科技企业1家，科创板上市企业2家，上市后备企业3

115

续表

序号	机构	简介
		家，高新技术企业50余家。持股孵化企业40余家，持股企业年收入1亿元以上企业3家，年收入5000万元以上企业5家，年收入1000万元以上企业8家，估值超15亿元以上企业1家，估值超5亿元企业5家。此外还设立了网络空间安全产业基金、高端电子信息产业基金，基金总规模达3亿元，建有广东省科技金融工作站成电创新分站
4	东莞理工科技创新研究院	东莞理工科技创新研究院开展科技大数据挖掘，对接和匹配自主核心技术研发，依托1200万全球华人专家人才网络，建立公共技术服务平台科技资源大数据研究与成果转化中心和"科学家在线"网站，为企业提供技术与人才精准解决方案。科技资源大数据研究大数据研究大数据研究与科技资源与科技服务体系，成立于2017年，在华南地区打造创新驱动发展的战略新高地，以智力支持体系与科技服务体系，支撑东莞及全省制造业的转型升级发展，辐射珠三角，服务全中国。已服务全国15000多个技术需求，支撑广东本地技术需求企业617家，东莞技术需求企业164家，拟申请发明专利98项，其中广东本地技术需求36项；在研典型科技成果转化案例10项
5	东莞深圳清华大学研究院创新中心	东莞深圳清华大学研究院创新中心是根据清华大学与东莞市人民政府签署的全面合作协议精神，由东莞市人民政府与深圳清华大学研究院于2013年5月共建，以企业化方式运作的事业单位。在东莞市重大公共科技创新平台考核工作中，2014—2016年该中心连续三年获得建设期平台第一名，2017年获得第二名。2014年被认定为第六批国家技术转移示范机构，2016年被认定为国家国际科技合作基地，2018年被认定为广东省国际科技合作基地，2020年被认定为国家引才引智示范基地。该中心已组建生物炼制工程研究中心、固废处理暨及资源化利用实验室、新型电子加速器实验室等16个研发平台；已建设一支包含教授、博士、海归等的高素质人才梯队伍，引进清华大学和国内外优秀团队15个，包括清华大学化工系、工程物理系、热能系、机械学院等5个教授团队。现有人员95人，其中科研人员48人；19人具有博士学位，34人具有硕士以上学历的人员比例达87%；15人具有高级职称，15人具有中级职称。另外，还拥有在孵企业引进人才400多人

116

续表

序号	机构	简介
6	中国科学院云计算产业技术创新与育成中心	中国科学院云计算产业技术创新与育成中心，是由中国科学院与东莞市人民政府共建的大型云计算研发机构，2011年10月在东莞松山湖国家高新区成立。该中心拥有国内首个自主产权的云计算平台，获2011年工信部安全可控云计算典型示范项目，其中心拥有授权专利33项，其中发明专利18项。授权软件著作权134项。现有职工439人，其中有院士6人，正副高级职称61人，具有博士、硕士学位人员97人。该中心内设8个分中心和2家高科技企业，与相关企业联合共建了12个实验室。该中心孵化企业10个，引进相关企业20个。该中心牵头成立了一批产业联盟，以该中心为理事长单位或副理事长单位建设的联盟共15家，拥有联盟成员500多家。在东莞市人民政府的支持下，该中心正在建设建筑面积为76 000平方米的中心园区，总投资5.36亿元
7	佛山中科产业技术研究院	佛山中科产业技术研究院是由中国科学院和佛山市人民政府合作共建的院市合作组织协调机构。截至2023年12月，共申请知识产权1221项（申请专利856项，其中发明专利449项，形成新产品超过1000项），曾获得广东省新型研发机构认定10个，中试院士新技术企业、促成院市合作中的20家企业成功挂牌上市、育成市合作，339家企业顺利被评为高新技术企业，促成中国科学院创新团队165个，促成1202项成果转化。合作共建公共技术研发与服务平台170个，院市合作专项（2009—2014年）引进中国地方政府建设孵化器，中试基地和产业园区等载体共12个，引进高端科技人员1200人，其中350人拥有博士学位。协助地方政府建设孵化器，中试基地和产业园区等载体共12个。近五年，该研究院开展项目对接1036次，接待专家3000人次，前往外地对接项目347次，主办/承办各类国内外学术会议、论坛、技术对接、推介会、路演活动、主题沙龙、培训等23次

续表

序号	机构	简介
8	广东高航知识产权运营有限公司	广东高航知识产权运营有限公司始创于2012年，是以知识产权运营为核心，致力于打通知识产权创造、运用、保护、管理、服务全链条的集团化公司。该公司拥有200余名高素质的知识产权综合性人才，其中30%为本科以上，学历均为本科以上，学历中30%为研究生学历。专利交易量位居全国同行业前列，累计专利交易金额超100亿元。高航网累计收录105个国家1.2亿条专利、商标、版权数据信息，日均IP达10万，日均PV达33万，活跃客户数几十万家。在中国科协、广州市科协的指导下，由高航为发起单位，共4家股东共同承接广州国际技术交易服务中心有限公司混改平台，提供新科技转移转化落地服务。近年来该公司适应市场需求，拓展业务渠道，在东莞、宜昌、烟台等城市承建了多个公共服务基地建设项目，在新材料、绿色环保、生物医药等领域布局建立10多个重点产业高价值专利培育中心，培育、布局高价值专利超6000件、完成技术转让金额数亿元，成功孵化2家科技型企业。服务科技型企业超10万家，布局高价值专利超10万家，培养知识产权人才800余名
9	广东高校科技成果转化中心	广东高校科技成果转化中心于2018年6月注册成立，是经广东省人民政府同意，由广东省教育厅和佛山市人民政府共建的事业单位法人。该中心落户在佛山市南海区千灯湖创投特色小镇，以"管理中心+线上服务平台+创业园"的"1+1+N"模式运营，推动建立市场导向、省市联动、校企合作的科技成果转化机制。2017—2021年，全省高校向佛山企业转移技术成果3741项，合同金额超6.8亿元。自成立以来，该中心累计培育科技型企业78家，市场估值超15亿元
10	广东华中科技大学工业技术研究院	广东华中科技大学工业技术研究院是东莞市政府、广东省科技厅和华中科技大学于2007年联合共建的公共创新平台，按照"事业单位、企业化运作"的模式组建，具有"三无三有"的机制特色，被誉为"全国新型研发机构的典型代表"，2022年正式获批成为粤港澳大湾区国家技术创新中心分中心。现有600余人的技术团队和800余人的产业化团队，其中包括国家级领军人才5名、国家长江学者7人、国家杰出青年6人、海外创新人才70多名、东莞市特色人才36名，获批国家三无三有

续表

序号	机构	简介
		成立1支国家重点领域创新团队,7支广东省创新团队。相关成果获得国家技术发明一等奖、广东省科技进步特等奖、广东省技术发明一等奖(全省5个之一),是华为、格力等世界500强企业核心供应商,为20 000余家企业提供了高端技术服务。累计孵化科技型企业688家,其中科技成果转化创办企业73家,持股企业在创业板及科创板主板上市12家(含过会企业),上市后备企业5家,国家高新技术企业163家,新三板挂牌企业8家
11	广东省科学院生态环境与土壤研究所	广东省科学院生态环境与土壤研究所依托其在土壤污染控制与农产品安全、土壤改良、土壤场地调查与风险评估、土固体废弃物资源化利用等方向的专业优势、人才优势和技术积累,以研究所专利技术成果为抓手,积极开展科技成果的移转化工作。该研究所获得国家科技进步二等奖2项、广东省科学技术一等奖2项、国家专利优秀奖1项、广东省专利金奖1项;国际学术论文成果丰硕,近5年来,发表SCI论文528篇,其中自然指数论文77篇,中科院一区论文251篇;国家基金项目基础扎实,主持"十三五"国家重点研发计划项目/课题、国家杰青科学基金、国家基金重点、国家联合基金、国际合作重点等共22项,该研究所具备了较强的解决国家重大科技需求的能力
12	广东省农业技术转移与扩散中心	广东省农业技术转移与扩散中心于2002年7月经广东省科技厅批准成立,日常管理工作挂靠广东省农业科学院农业经济与农村发展研究所(原科技情报研究所),是研究所内设机构,该中心以加速农业科技成果转化,推动农业科技与经济紧密结合,提高农业中小企业的技术创新能力和市场竞争力为宗旨,以广东省各农科院所各学科经济学科技扶贫、科技兴农、成果为依托,以市场为导向,紧密结合科技成果中试,推广以及科技成果示范、科技综合示范、科技培训、基地建设等工作,推广农业新品种、新技术、新产品,综合性的实用技术服务和信息服务。该中心于2011年6月被科技部列入"第三批国家农技术转移示范机构"名单

续表

序号	机构	简介
13	广东省生产力促进中心	广东省生产力促进中心（广东省高技术研究发展中心）是综合性高新技术产业发展的研究、咨询、服务机构，是广东省科技厅直属副厅级事业单位。该中心组织开展促进中小微企业技术进步，产学研协同创新、成果转化、创业孵化、科技金融、产业经济、区域发展等方面的研究；面向科技型中小微企业提供科技咨询、供科技咨询、成果转化、创业孵化、科技金融、产业技术发展、对外交流、人才培训等服务，推动企业研发与应用高新技术，帮助企业提升科技竞争力，促进产业结构优化升级，推进全省生产力促进体系建设，推动国内（包括港澳合）生产力促进中心、中国产学研合作促进会合作。该中心是国家级示范生产力促进中心，多次获年度全国生产力促进服务贡献奖，中国产学研合作促进奖，中国技术市场协会"金桥奖"先进集体，广东省科技服务业百强机构等荣誉
14	广东省科学院微生物研究所	广东省科学院微生物研究所（原广东省微生物研究所）前身为中国科学院中南真菌研究室，于1964年5月19日经国家科委批准成立，1972年改为广东省微生物研究所，隶属于广东省科学院，2021年1月经广东省编办批准成立，已建成由中国工程院院士、国家"万人计划"科技创新领军人才、国家百千万人才工程人选者、国家优秀青年基金获得者、国家"珠江人才计划""青年拔尖人才""广东特支计划"杰出人才、科技创新领军人才和青年拔尖人才等为领军科学家的六大研究中心，在微生物应用基础研究、行业共性关键技术创新及科技服务、成果转移转化方面，已成功向国内领军科研机构，广东粤微食用菌技术有限公司、广东环凯微生物科技有限公司等成果转化平台包括广东环凯微生物科技有限公司等

120

续表

序号	机构	简介
15	广东粤港澳大湾区国家纳米科技创新研究院	广东粤港澳大湾区国家纳米科技创新研究院是在中国科学院和广东省政府签署的《"十三五"全面战略合作协议》框架下，由国家纳米科学中心和广州高新技术产业开发区共建的新型研发机构。国家纳米科学中心主任赵宇亮院士为院长。5家院士团队入驻黄埔实验室，7家合资公司开展项目合作面积10 500平方米，孵化空间21个，团队开展研发中试及产业化。该院启动期顺利完成了基本建设任务，建成了国内乃至全球首个成建制的科技创新链4～6级技术研发与产业孵化平台；启用46万平方米本部园区，建设规划面积1.1平方公里的"中国纳米谷"；在纳米材料、纳米器件、纳米大健康产业等领域取得一批突破性技术成果。成功孵化产业化企业12家；聚集了包括多个院士团队在内的上千名尖端人才；先后获国家发展改革委批准，依托广纳院建设"粤港澳大湾区国家纳米产业创新研究中心""国家纳米智造产业创新中心"两大高科技产业国家级平台
16	广东粤港澳大湾区黄埔材料研究院	广东粤港澳大湾区黄埔材料研究院成立于2020年2月，是广东省省级事业单位。该院高擎发展应用化学，贡献国家人民的旗帜，坚持走基础研究和应用研究协调发展之路，共取得科技成果1200多项，创造了"中国第一"，其中包括镍系顺丁橡胶、火箭固体推进剂、稀土萃取分离、高分子热缩材料等重大科技成果450多项，荣获国家自然、发明、科技进步奖60多项，院省（部）级成果奖400余项；申请国内和国际专利2100多项，授权1900多项，发表科技论文16 000多篇专利申请、授权数和论文被SCI收录引用数特续位居全国科研机构前列。这些成果、专利、著作，特别是获国家奖的成果，显示了该院科研工作的实力及其对国民经济建设和国家科技进步所作的贡献
17	广工大数控装备协同创新研究院	广工大数控装备协同创新研究院是于2013年由广东省科学技术厅、佛山市人民政府、佛山市南海区人民政府、佛山高新区管理委员会和广东工业大学五方共建的地方性科研院所，以服务佛山科技创新和产业发展为导向，聚焦智能装备领域技术研发、成果转化、企业孵化、人才培养等核心环节，对接转化一批重大科技创新成果，取得系列显著成效

续表

序号	机构	简介
18	广州博士信息技术研究院有限公司	广州博士信息技术研究院有限公司获得"国家技术转移示范机构""国家现代服务业创新发展示范企业""国家专利技术展示交易中心""国家中小企业公共服务示范平台""广东省科技服务业百强企业""广东省中小企业综合服务机构示范单位"等200余项荣誉资质。全国设立分公司、办事处43个，业务遍及100个地级行政区，参与运营区域技术市场25个，拥有专业创新服务人员、创新数字化平台研发人员800余人。公司还得到了全球众多智力机构、产业组织、合作伙伴的信任和支持，包括全球300多所科研院校，200余名国际顶尖专家，15 000余位博士会员，100多家服务机构，与产业创新生态运营进行联动。
19	广州产权交易所、广州技术产权交易中心	广州产权交易所成立于1999年6月，是目前广州地区唯一一家以"交易所"命名并通过国家层面验收的国家级综合性产权交易平台。2010年10月，广州产权交易所按照"统一平台、专业分工、集团经营"的原则重组建广州交易所集团，广州技术产权交易所是国内首个集团化运营的产权交易机构。广州产权交易所集团于2013年12月成立的广州产权交易所内设非法人机构，独立开展技术与知识产权交易，科技金融、技术转移、知识产权运营等业务，是广东省经国务院部际联席会议验收批准从事技术与知识产权交易的唯一场所。2005年，该所被广东省国资委选定为从事企业国有产权转让的产权交易机构之一。2009年，该所被中华人民共和国科学技术部确定为第二批国家技术转移示范机构之一。2011年，广州市属行政事业单位国有资产和公共资源进入该所进行交易。2012年，该所被广州市中级人民法院确定为广州市涉诉资产统一交易场所。2013年，该所成为国内首家承接中小客车增量指标涉诉资产的产权交易场所。2013年，该所被广东省高级人民法院确定为广东省法院涉诉资产统一交易场所之一。2014年，该所被国务院国资委确定为首批从事中央企业资产转让交易业务18家机构之一。

122

续表

序号	机构	简介
20	广州工业智能研究院	广州工业智能研究院成立于2011年，面向粤港澳大湾区制造业高质量发展需求，聚焦工业智能领域，面向节能环保、纺织印染、船舶制造、新能源、核电、电子制造等领域，开展地方集聚产业的关键共性技术攻关，推进科技成果的转移转化，引领和提升地区科技创新。2011年，广州南沙经济技术开发区管委会与中国科学院沈阳自动化研究所经过友好协商，共建成立广州中国科学院沈阳自动化研究所分所。2021年，根据中国科学院沈阳自动化研究所改革方案要求，于2021年7月22日起正式将中国科学院沈阳自动化研究所与广州南沙经济技术开发区管委会协商一致，"广州工业智研究院"更名为"广州工业智能研究院"。广州工业智能研究院共对外投资了1家企业，参与招投标项目20次；知识产权方面有商标信息6条、专利信息208条、著作权信息44条；此外企业还拥有行政许可5个
21	广州生产力促进中心有限公司	广州生产力促进中心有限公司是广州地区权威的综合性服务机构，也是国家级示范生产力促进中心、省级示范生产力促进中心、广州市新型智库生产力促进中心。多次荣获全国生产力促进奖、广东省科技查新资质奖、全国技术市场先进集体等荣誉称号，享有广泛的社会声誉。该中心秉持"链接创新、创造价值"的理念，搭建了一站式数字平台，推进服务信息化，聚焦智库与咨询、评审评价、技术与成果、创新创业、创新人才等5个服务链条。年服务企业超5000家次，培训学员超2万人次，服务辐射至粤港澳大湾区城市及武汉、南昌、赣州等省外城市
22	广州市香港科大霍英东研究院	广州市香港科大霍英东研究院是香港科技大学面向内地最重要的创新技术研发和科技成果转化平台。研究院是在香港爱港知名人士、"改革开放先锋"霍英东先生的倡议下，由霍英东基金会捐资兴建，于2007年1月正式落户粤港澳大湾区的几何中心广州南沙，是广州市首家港澳背景科研机构。该研究院是广东省首批新型研发机构，建设有科技部国际科技合作基地、粤港澳（国际）

续表

序号	机构	简介
		青年创新工场，广东省博士工作站，广东省博士后创新实践基地，国家超级计算广州中心南沙分中心等平台。该院大楼面积31 000平方米，设有28个干/湿研究实验室、配套中央研发设施及共享实验平台，目前已投入逾6000万元配置研发设备。累计获得各级各类科研项目共910余项，其中政府科研项目360余项，商业科研与技术服务项目550余项，带动科研项目总投资超过16亿元，为超过300家国内外知名企业、高校及科研院所等提供关键技术攻坚科技术优化升级服务，积累了丰富的产学研合作成功经验
23	广州先进技术研究所	广州先进技术研究所成立于2011年5月，是由广州市人民政府与中国科学院共建的具有独立法人资格、行政上隶属于广州市人民政府的新型科研机构。广州先进技术研究所同时也是中国科学院深圳先进技术研究院的广州分所。在工业合作方面，近年来，该所与事业单位开展技术研发、产业化推广以及人才培养的紧密合作，科技服务辐射珠三角地区140多家企业。同企业联合申报并获批各级纵向课题17项，获批总经费1262万元，同企业签订横向合同40多项，合同额3906万元
24	广州现代产业技术研究院	广州现代产业技术研究院成立于2010年，是教育部和广州市共建、华南理工大学牵头建设的科技创新平台。该院包含了9个技术研发中心，拥有研发和管理人员400多人。该院通过体制创新走产学研结合之路，持续加强技术研发、企业孵化、科技成果转化、科技合作和人才培养等平台功能，形成了集研究开发、中试生产、高新技术企业孵化和人才培养于一体的建院格局，被科技部认定为国家技术转移示范机构，获批为广州市技术转移机构和中国产学研合作创新示范基地。该院先后获批建设了一批国家、省部级平台，获批广东省电子信息行业协会颁发的"广东省集成电路产业优势科研单位"称号。近三年承担科研项目130项，申请专利1426项，授权专利831项，获得国家、省市奖励8项，省市奖约2.5亿元，引入投资约2.5亿元，为企业培训管理技术人员26家，孵化企业26家

124

续表

序号	机构	简介
		员3300人次，提供就业机会320个，与90家企事业单位建立合作关系，形成集研发、中试、企业孵化和人才培养于一体的协同创新平台。现拥有技术研发、成果转化和产业化场地面积超过1.5万平方米，建成4个示范基地，38个测试分析、设备调试等功能实验室，13条中试生产线，固定资产总额超4200万元
25	广州工业技术研究院	广州工业技术研究院成立于2005年10月18日，是由广州市人民政府与中国科学院共建的具有独立法人资格，行政上直接隶属于广州市人民政府的非营利性应用研究机构，是广州市人民政府创新发展模式的新试点单位。作为国家技术转移示范机构，已在锂离子动力电池自动化装备、动力电池检测、CAE技术咨询服务、新能源热安全评估等领域完成了多项技术服务和技术转移工作，横向合同额累计超1.75亿元；该院累计牵头承担各类纵向项目（课题）85项，其中国家级4项，省部级24项，市级17项；参与项目多项；累计获批纵向科研经费超过1.74亿元
26	广州中大知识产权服务有限公司	广州中大知识产权服务有限公司成立于2017年，是中山大学所属广州中山大学资产经营有限公司的全资子公司，隶属中山大学科技板块，是广东知识产权保护协会第四届理事单位，是科学技术部认定的国家技术转移示范机构之一，也是首批认定的高等学校科技成果转化和技术转移基地之一。作为中山大学科技成果转化的平台，该公司为中山大学及其附属医院提供科技成果转移转化全链条服务，并对中山大学及其附属医院的科技成果进行管理、转化、维护及运营等工作
27	国家技术转移南方中心	国家技术转移南方中心是由中科技部主管，广东省政府和深圳市政府共同支持的技术转移机构，旨在促进科技成果转化和产业升级。该中心通过搭建技术转移平台，提供技术咨询服务，组织技术交流合作等方式，推动科技成果的转移应用，促进科技创新与经济发展的融合

续表

序号	机构	简介
28	湖南大学粤港澳大湾区创新研究院	湖南大学粤港澳大湾区创新研究院成立于2018年12月，是湖南大学在广州市人民政府和广州市增城区人民政府的支持下设立的具有独立法人资格的新型研发机构，由湖南大学、广州市人民政府、广州市增城区人民政府三方共建，坐落于增城经济技术开发区。主要瞄准广州市和增城区创新发展需求，遵循"四个面向"战略方向，深度融入粤港澳大湾区建设，按照"需求牵引、协同创新、产教融合，争创一流"的建设思路，重点布局新一代信息技术、新能源汽车、生物医药、智能制造与装备、新型材料、绿色建造与环保等六大研发领域，着力贯通"4到6"的科技创新链条，重点推进"7到9"的科技成果转化，致力于建设成为世界一流的研发平台
29	华南技术转移中心	华南技术转移中心是由广东省政府统一部署、广东省科技厅、广东省生产力促进中心牵头建设，广州市科技局、广州市南沙区管委会联合支持共建，华南技术转移中心建设被列入国务院文件《广州南沙深化面向世界的粤港澳全面合作体系方案》，并提出以华南技术转移中心建设华南科技成果转化华南高地。该中心在全国推广首创以"人才"为核心的技术转移新模式，科技部内参《科技工作情况》专题报道并向全国推广这一改革实践；该中心获本批为国家级海外人才离岸创新创业基地，并推动一批重大技术转移项目成果在华南沙落地转化。该中心打造全国首个科技服务电商平台"华转网科技MALL"，累计访问量突破3500万人次，注册用户超4万个，集聚各类优质创新资源6万余项，在百度搜索"技术转移"排名第一，率先实现创新券"全国使用，广东兑付"。依托"华转网"，打造"科技京东"服务模式，实现创新券"全国使用，广东兑付"，已吸引了华为云、天翼云、工信部电子五所、赛宝实验室等750多家优质科技服务机构入驻，成功集聚各类优质创新资源60 000余项，超过5000家

续表

序号	机构	简介
		科技型中小企业受益。同时，该中心依托"华转网"推出全国首个企业科技特派员精准对接平台，实施"揭榜挂帅、精准特派"的企业科技特派员新模式，企业在线发布技术需求及悬赏金额，平台开展精准对接，科技特派员驻厂帮助企业解决实际技术问题，将高校、科研院所的研究能力和研究成果应用在企业实际研发生产中。截至2023年，平台已汇聚了4081名全球高端科技人才为大湾区企业服务，引导2390家企业发布技术需求1763项，共有1172项关键技术成果对接转化，实现技术交易成交额超8亿元，带动企业创造经济社会效益超36亿元。此外，打造孵化器能线上平台、首个软件级产品"园区无忧"数字孵化器平台科技赋能平台投放市场，在广州、汕头、佛山等15家园区投入试用，服务园区企业573家，佰沃科技等31家科技型企业人驻。南沙芯聚能已毕业出驻，电中科、芯聚能、佰沃科技等31家科技型企业人驻。南沙芯聚能已毕业出驻，在南沙打造氢氧燃料电池电源系统产业园，正在南沙区建设第三代半导体研发和生产基地项目，占地40 000平方米
30	华南协同创新研究院	华南协同创新研究院于2012年成立，2018年获批牵头建设东莞石排镇协同创新中心，获批建立国家级博士后科研工作站、广东省博士工作站、东莞市名校研究生培养（实践）工作站，被评为松山湖2018年度园区先进科技研发机构。2019年再度被评为松山湖园区先进新型研发机构，获批建设国家级科技企业孵化器。现有固定人员约160人，其中长江学者或国家杰青6人、国家优青1人、硕导和博导约40人。创新创业团队4支（其中各1支），新材料等领域建设创新中心，吸纳高端人才和高水平技术科研成果，进行技术转化和产业化，已投入约1.2亿元启动或筹建3D打印材料成高新技术等12个创新中心，累计申请专利255件，部分专利已经获得社会投资并孵化成高新技术企业；与企业共同建设26家院企创新中心；东莞市同时成立了全资投资公司——东莞华工协同创新科技发展有限公司，发起设立3只投资基金，投融资规模超过3亿元，已投资孵化企业67家。同时建设研究院新址，总建筑面积约14.7万平方米

续表

序号	机构	简介
31	南方科技大学技术转移中心	南方科技大学技术转移中心是南方科技大学集技术转移、知识产权管理运营为一体的专门机构，是学校内设一级行政部门，统筹管理学校知识产权工作，指导落实知识产权的转移转化。该中心秉承专业化搭建技术转移人才队伍的理念，确保学校的产学研工作立足于科研立项，充分了解科研人员的实际需求，从而服务其科技成果的保护、运营和转移转化。技术转移中心坚持以市场为导向，致力于引导区域内的科技成果转化市场体系建设，为学校的科技成果转移转化提供全流程服务
32	清华大学深圳研究生院技术转移办公室	清华大学深圳研究生院现已成立了面向战略性新兴产业的130多个实验室和研发中心，引进培育重大科研项目团队，为国家解决重大关键领域"卡脖子"问题；累计孵化企业3000多家，培养上市公司30多家；践行国家战略，加速产业转型创新，与大型央企、国企合作探索科技创新模式，为中小微科技企业提供"一揽子"科技金融和孵化服务支持，加速科技产品走向市场；先后创立北美（硅谷）、英国、俄罗斯、德国、以色列、美东（波士顿）、日本等7个海外中心，引进海外人才和高水平科技项目，提供优质人才服务。清华大学深圳研究生院技术转移办公室是负责推动清华大学深圳研究生院的科技成果转化的机构。其主要职责包括：收集、评估和管理清华大学深圳研究生院的科技成果；与企业、投资机构等合作，推动科技成果的转化和商业化；为科技成果的转化提供技术咨询、法律支持、市场推广等服务
33	深港产学研基地产业发展中心	深港产学研基地（北京大学香港科技大学深圳研修院）是北京大学和深圳市政府三方于1999年8月在深圳高新区共同创办的合作机构。2000年7月，香港产学研基地出资成立了深港产学研基地产业发展中心，为入驻深港产学研基地的产业项目提供服务，为两所大学在深圳和珠江三角洲开展技术合作和业务提供工作基地服务。2009年9月，该中心被科技部认定为第

续表

序号	机构	简介
		二批国家技术转移示范机构，并先后成为"珠三角技术转移联盟""深港澳台技术转移联盟"的理事单位。2012年3月，该中心成为深圳市科技服务业协会首任会长单位。该中心以深圳高新区深港产学研基地大楼为核心，以实验室/工程中心为支撑，孵化了近百家科技企业，积累了较为成熟的创业辅导经验，建立了完善的创业辅导体系，现已建成建筑面积超过3万平方米，入驻企业58家，服务体系完善，以IT为主的科技型专业小企业孵化器。孵化器内配套设施齐全，公用服务设施面积达6000平方米，有展示厅、学术报告厅、多功能厅及附属会议室、贵宾厅、中介服务中心（银行、商务中心等）、中西快餐厅等；教学中心面积7200平方米，有公共教室、远程教育、工商管理教室等，可为企业培训提供服务
34	深圳大学技术转化中心	深圳大学技术转化中心成立于2011年12月，2014年2月，该中心被认定为第五批"国家技术转移示范机构"。该中心借助深圳大学地缘优势，以学校研发力量、科研平台等科技资源为基础，以各区政府创业服务中心、专业孵化器为支撑，以产权交易、创业资本、中介服务等市场要素为纽带，形成"大科技"区域创新体系。该中心成立近3年，积极利用社会各方力量推动学校技术转移，先后与深圳市南山区政府、龙岗创新创业中心、龙岗区政府、坪山新区、汕尾市深大光电科技有限公司深圳分公司、福建省驻深办等单位签署了南山工业技术研究院、龙岗创新创业中心等框架协议；与广东博士科技有限公司、深圳市君胜专利事务所、南山创业服务中心、深圳君胜专利事务所、深圳市企业科技创新促进会、腾讯公司等单位建立了长期合作关系。该中心成功组织技术交易活动20多场；服务企业200多家；办理专利转让30多个；解决企业技术需求50多项

续表

序号	机构	简介
35	深圳联合产权交易所股份有限公司	深圳联合产权交易所股份有限公司是根据深圳市政府四届第148次常务会议精神，整合深圳市产权交易中心、深圳市产权交易所和深圳国际高新技术产权交易所（原名深圳市产权交易所）资源组建的全市唯一的综合性产权交易机构。其中，深圳市产权交易中心成立于1992年10月，是全国第一家跨地区的产权交易所，标志深圳产权转让正式步入市场，深圳国企产权改革迈出人规范化、公开化运作状态；深圳国际高新技术产权交易所成立于2000年10月，是全国第一家市场化运作的股份制技术产权交易机构
36	深圳清华国际技术转移中心	深圳清华国际技术转移中心成立于2016年，位于广东省深圳市，宗旨是为技术转移与金融资本融合提供服务。该中心是清华大学跨院系的机构，是清华大学科技服务社会体系的重要组成部分，隶属国家技术创新体系，是国家经贸委和教育部认定的国家级技术转移中心。中心的主要职能定位于技术转移的理论研究和实务，并全面致力于促进科学技术向生产力的转化，面向产业界开展具有国际竞争力的共性技术研发、组织与扩散
37	深圳市对接平台科技发展有限公司	深圳市对接平台科技发展有限公司成立于2011年11月29日。公司分别与美国霍尼韦尔（全球财富100强、国际技术转移巨头）、新加坡创新中心等多家所研究院建立了深层战略合作联盟关系，协助制订顶层设计，并给予支技术转移服务和成果转移转化协助服务。该公司在深圳策划组织和承办大型国际技术转移活动、国际国内技术交流对接会、国际国内技术推广会、高新技术交易博览会、金融博览会、国际投资贸易洽谈会等共约60场次
38	深圳市高新技术产业发展促进中心	深圳市高新技术产业发展促进中心，加挂深圳市软件和集成电路产业发展中心、深圳生物孵化器服务中心牌子，为深圳市科技创新委员会直属公益二类事业单位。该中心的主要职能包括：负责深圳软件园、国家集成电路设计深圳产业化基地、深圳生物孵化器等各类高新技术产业载体及配

续表

序号	机构	简介
		套支撑体系的建设、运营和管理；承担深圳高新技术产业宣传与推广交流工作；负责提供人才项目产业化等孵化科技相关专业服务；科技项目孵化等科技相关专业服务；负责市大型科学仪器共享平台的建设、运营、管理等工作；组织开展软件和集成电路设计共性技术科研工作，提供软件和集成电路科技服务及培训；承担高新技术产业发展相关产业用房的建设和管理工作；完成市科技创新委交办的其他任务
39	华创（深圳）科技创新中心	华创（深圳）科技创新中心是一家具有独立法人资格的民办非企业单位科研与服务机构，被科技部评定为国家技术转移示范机构。该中心是面向行业的独立第三方科研与服务机构，也是深圳首家以科技创新成果转化与金融结合为目标的孵化基地。中心致力于打造军民融合领域的民间智库、建设高科技服务组织，畅通国民参军渠道，健全军转民机制，旨在成为政府决策的智囊、军队采购的参谋、企业发展的导航
40	深圳市科技创新战略研究和技术转移促进中心	深圳市科技创新战略研究和技术转移促进中心是深圳市科技创新委员会的直属全额拨款事业单位。该中心的主要职能包括：开展科技创新战略、政策及产业研究，提供科技情报、资讯等信息，为宏观政策制定提供支撑；承担全市技术转移、科技成果转化、技术交易等相关事务性工作；承担技术转移机构培育和技术转移人才队伍建设事务性工作；推动技术转移和科技成果转化等公共服务性研究，开展国家技术合同认定登记，推动技术转移和科技成果转化等公共服务平台建设，负责国家技术转移南方中心的建设与管理；负责虚拟大学园园区的建设、管理与服务，协助虚拟大学园院校在深建设产学研基地，促进成果转化及产业化；承担成果转化、虚拟大学园相关公共技术平台用房的建设和管理工作；受委托承担国家、省、市创新创业大赛的组织实施工作，协助开展国家可持续发展议程创新示范区建设及基础研究科技计划管理等相关工作；完成市科技创新委交办的其他任务

续表

序号	机构	简介
41	深圳市南方国际技术交易市场有限公司	深圳市南方国际技术交易市场有限公司成立于1997年，由科技部技术市场管理促进中心和深圳市技术市场促进中心联合民间资本组建，地处深圳市中心区，拥有7层独立办公大楼，占地1.2万平方米，注册资金3000万元。该公司是国家级八大常设技术市场之一，是华南地区唯一一家，被科技部火炬中心和广东省科技厅分别评定为首批国家技术转移示范机构、首批中国创新驿站站点、广东省科技服务业百强企业和广东省科技服务业发展示范基地。该公司定期召开专家座谈会，进行技术经纪、技术转移服务等相关知识的培训和交流，以不断提高团队专业水平，满足市场发展需求，为技术转移提供全方位的优质服务
42	深圳市南山科技事务所	深圳市南山科技事务所是在政府的扶持下，于2007年10月正式成立的民办非企业单位，是按现代企业制度运作的咨询机构，社会管理专家3000多位，拥有产业专家500多项，提出参政议政建议100多条。该事务所通过整合科技资源，于2010年12月正式成立院内设机构——深圳市南山科技事务所转移中心，2012年11月，中心被评为第四批国家技术转移示范机构。目前，中心已为深圳大学、清华大学深圳研究生院等多家高校、科研机构提供技术对接服务，对接企业包括今朝时代、德方纳米、瑞丰股份、科立讯等众多联盟成员企业
43	深圳中科院知识产权投资有限公司	深圳中科院知识产权投资有限公司是中国科学院唯一从事知识产权商业运营的公司，依托中国科学院强大的研究所开发知识产权创造能力，通过对院属研究所的知识产权提供全流程服务，成为院里知识产权管理运营服务平台，保护和运营知识产权的重大产业化项目的知识产权；通过建立与社会有机结合的知识产权运营模式，促进科技创新成果的知识产权化和高效转移转化

续表

序号	机构	简介
44	中国科学院深圳先进技术研究院	中国科学院深圳先进技术研究院由中国科学院、深圳市人民政府及香港中文大学于2006年2月共同建立,在深圳建设龙华、平湖育成中心,在上海嘉定建设特色育成中心;2020年底,该院累计孵化企业1186家,持股301家先进院。通过中科投资、深科投资两个投资子公司投资持股,实现对一级企业涉及国有资产的监管;有中科育成、上海育成两个核心专业孵化器,孵化出上百家企业;自2014年开始,逐步设立深圳创新设计研究院、中科创客学院、济宁中科先进技术研究院、天津中科先进技术研究院、深圳北斗应用技术研究院、苏州先进技术研究院、杭州中科先进技术研究院、武汉中科先进技术研究院、珠海中科先进技术研究院、山东中科先进技术研究院等外溢机构,以公司的形式持有股份并进行管理。目前在低成本健康、高端医学影像、机器人、电动汽车等领域开展科技成果转移转化工作,转移转化的专利数超过300件。累计与华为、中兴、创维、腾讯、美的、海尔等知名企业签订工业委托开发及成果转化合同逾700个,合作开展产学研项目申报超过800个。支撑溢出创新机构9个,与地方政府和企业有效衔接,加快科技成果转移和产业化,建立了完整的产业链。与地方企业累计共建实验室百余个,派出企业特派员110余名。以组建产学研资联盟为抓手,推动科研与产业元素的深度结合。牵头组建深圳机器人、北斗、海洋产业联盟,聚集200余家企事业单位,会员企业年产值逾千亿元
45	香港大学技术转移处	香港大学技术转移处是香港大学下辖的服务单位,负责管理香港大学的发明及知识产权资产,并与业界洽谈合作及处理科技商业化的法律工作。香港大学建立了以市场为导向的评估机制,依靠香港大科桥有限公司作为专门机构,负责香港大学技术许可和创建衍生公司等方式进行技术转移。2015年,香港大学有601项技术/知识转移相关文件,采取技术许可、技术咨询和材料转让等,其中签约方香港境内218件,内地161.5件,北美111件,欧盟57.8件,其余地区52.7件,港大科桥有限公司与各种工业部门共进行了9项合约研究项目,许可累计149个,总体商业化率为34.8%。近年来,香港大学已就相关发明注册约2600项专利应用

续表

序号	机构	简介
46	香港科技园公司	香港科技园公司是香港特别行政区政府成立的一家非营利机构，旨在促进香港的科技创新和经济发展。公司成立于2001年，总部位于香港科学园，是香港最大的科技园区之一。截至2023年4月30日，共有成员19 000多名，创新科技企业1400多家，研发人员约13 000名，园内企业起源地的国家和地区数目达22个，成功从培育计划毕业的企业有980多家，已支援7家本地独角兽企业及吸引7家海外独角兽企业，IPO上市个案12个，从培育计划毕业而仍在营运中的企业占80%，园区公司自2018年起筹得的资金累计约806亿港元，拥有公共和私营合作伙伴300多个，获得奖项350多个
47	香港生产力促进局	香港生产力促进局是于1967年成立的法定机构，致力于世界级的先进技术和创新服务，驱动香港企业提升卓越生产力。该局作为工业4.0和企业4.0促进者，致力加速香港新型工业化发展，全面促进香港成为国际创新中心及智慧城市，并提供全方位的创新方案，以提升企业生产力和业务效率、节省营运成本、全企业在本地和海外市场中保持竞争优势。该局积极与本地工商界及世界级研发机构合作，开发应用技术方案，为企业创优增值。透过产品创新和技术转移，成功让研发成果转化成商机。多年来，该局的世界级研发成果得到广泛肯定，屡获本地及海外奖项殊荣。成功与粤港澳大湾区生产力促进服务联盟理事长单位以来，共计举办28场活动，覆盖人数超17万人次，各单位紧密协作，搭建起对接中小企业服务的网络，带动大湾区城市群、香港生产力促进局与大湾区城市18个合作伙伴建立科技成果对接服务平台，助力制造业转型升级。同时，香港生产力促进局与粤港澳企业发展政策，促进粤港澳科技成果转移转化以推广新型工业化为例、搭建广泛应用场景科技成果对接活动和粤港澳企业发展政策，促进粤港澳科技成果转移转化
48	粤港澳大湾区国家技术创新中心	粤港澳大湾区国家技术创新中心于2021年4月在广州正式揭牌。作为国家战略科技力量与重点布局建设的三个综合国家技术创新中心之一，该中心将在源头技术供给、科技成果转移转化与产业化、科技型中小微企业孵化培育等方面发挥重要作用。目前，该中心已实现全面"入轨"正

续表

序号	机构	简介
49	中山市北京理工大学研究院	中山市北京理工大学研究院成立于2009年11月，是由中山市人民政府与北京理工大学共建的新型研发机构。为企事业单位提供科技服务超500家次，联合企业承担国家、省市各级科技项目86项（包括国家863项目2项、省部产学研重大重点项目8项），累计获批经费1.5亿元，突破行业关键技术100余项，带动科研经费投入超过10亿元，为地方新增经济效益超过80亿元，荣获国家发明二等奖2项、国家科技进步奖二等奖1项等10余项奖项，组织举办国际技术研讨会等活动22场次，人才层次涵盖国家"973"项目首席科学家、长江学者、教授研究员等
50	中山市工业技术研究院	中山市工业技术研究院是由广东省科技厅与中山市政府合作成立的，前身为中山市装备制造业科技研究中心，成立于2007年，是中山市科技局直属公益一类事业单位。在市科技局直接领导和支持下，通过整合政策链、创新链、资金链、服务链，搭建起服务高新技术成果引进、研发、孵化、产业化的创新生态系统，实现成果市场化、产业化。该中心成立10余年来，已搭建了31个平台，其中16个主要创新平台设在研究院内，已成功引进了4个院士团队，34个教授团队，服务企业1300余家，为社会创造新增产值20余亿元。工研院拥有一支专业的管理服务团队，均具备本科以上学历，硕士以上学历人员占20%，接受孵化器专业培训人员占90%。孵化器面积达3.3万平方米。长期以来，工研院遵循"支撑产业、突出重点、形成特色、资源整合、院企结合"的指导思想，围绕汇集创新资源培育战略性新兴产业，推广先进技术推动传统产业升级转型，吸引创新团队孵化科技企业，引进专业机构完善创业服务，采用项目孵化与企业孵化相结合相互促进的方式。现有在孵项目33个，企业33个，已毕业企业5家，其中有2家企业已成功上市

附录2 广州南沙科技成果转化相关政策集锦

表2 广州南沙科技成果转化相关政策集锦

序号	政策文件	发布机关	发布时间	科技成果转化相关政策条款
1	广州南沙开发区（自贸区南沙片区）制度创新促进办法	广州南沙开发区管委会办公室	2023年4月3日	建立健全创新成果发布机制，定期发布评选的优秀创新成果并颁发荣誉证书，以新闻发布会、案例展示、培训推广等多种形式向社会各界宣传推广优秀成果。鼓励创新主体对制度创新成果申请知识产权保护，及时有效做好知识产权确权工作。鼓励创新主体建立完善的知识产权运营、确权、风险预警一体化内部知识产权保护机制
2	广州南沙新区（自贸片区）鼓励支持港澳青年创业就业实施办法	广州南沙开发区管委会办公室、广州市南沙区人民政府办公室	2022年12月31日	对在南沙区创办企业的港澳青年给予全条条补贴与奖励，并开辟港澳青创企业落户绿色通道，提供登记注册、场地租赁、人才招聘、法律咨询等全方位服务。鼓励港澳青年创业市场，培育市场，发起设立港澳青年创业基金，重点投向创新项目积极对接市场向企业。鼓励空创苗圃（众创空间）、孵化器、加速器、产业园区等创新创业载体立足南沙区战略定位和自身优势，突出服务港澳青年创新创业的基本功能，打造成为特色化、标准化的港澳青年创新创业基地
3	南沙元宇宙产业先导示范区入驻管理暂行办法	广州南沙经济技术开发区科学技术局	2022年12月26日	在南沙区国际人才港选取部分楼层作为集中办公区域，以免租金和物业费方式提供给元宇宙产业相关企业进驻使用。考虑支持元宇宙产业科技型中小企业发展需要，部分区域装修好提供给企业拎包入驻；其余部分提供给具备一定规模且办公场地需求较大的企业，由进驻企业自行装修、装修费用自理，满足企业个性化发展需要

续表

序号	政策文件	发布机关	发布时间	科技成果转化相关政策条款
4	广州南沙新区（自贸片区）促进专精特新中小企业高质量发展若干措施	广州南沙开发区管委会办公室、广州市南沙区人民政府办公室	2022年12月19日	专精特新"小巨人"企业、专精特新中小企业、创新型中小企业、创新型中小企业研发生产的产品列入国家、省、市相应部门出台的首台（套）重大技术装备推广应用首批次新材料、首版次软件首批次指导目录，分别给予50万元、20万元、10万元一次性扶持。每家企业每年最高100万元。为激励制造业中的规模以上专精特新"小巨人"企业、专精特新中小企业、创新型中小企业积极开展数字化转型，支持申报南沙区人工智能云服务补贴资金。将专精特新"小巨人"企业、专精特新中小企业规划切分供应一批中小工业用地计划，专门针对此类企业需求，组织编制建工程设计方案、施工图设计方案，纳入供地方案，优先纳入供地块、组织编制建工程设计方案、施工图设计方案，实行"带方案"招拍挂供应
5	广州南沙新区（自贸片区）推动元宇宙生态发展九条措施	广州南沙开发区管委会办公室、广州市南沙区人民政府办公室	2022年10月20日	每年安排1亿元对企业、高校及科研院所采用多种方式开展NFT（非同质通证）、VR/AR、区块链等元宇宙关键技术协同攻关给予支持，单个项目最高1000万元。积极争取国家、省、市重大专项目在南沙区布局并实现成果落地转化，对承担项目分别给予100%最高500万元、70%最高300万元和50%最高200万元的资金奖励

续表

序号	政策文件	发布机关	发布时间	科技成果转化相关政策条款
6	广州南沙新区支持科技创新的十条措施	广州南沙开发区管委会办公室、广州市南沙区人民政府办公室	2022年8月29日	对高层次科创人才给予最高1000万元的安居补贴,对每个重大科技创新平台最高2亿元的资金支持,对经国家、省、市立项的重大科技基础设施项目,按市扶持标准给予1:1配套资金支持。鼓励企业加大研发投入,对研发经费支出给予最高10%、不超过1000万元的一次性资金奖励。每年安排1亿元对开展核心技术攻关、企业技术难题揭榜等研发活动的创新主体给予单个项目最高1000万元资金支持。设立规模20亿元的创业投资引导基金和科技型中小企业信贷风险补偿资金池,对股权投资企业投资南沙区初创期、初创期科技企业给予累计最高1000万元的奖励
7	广州南沙关于推动创新链产业链资金链人才链深度融合的若干措施	广州南沙开发区管委会办公室、广州市南沙区人民政府办公室	2022年6月6日	支持区内高校、科研院所、民办非企业、技术转移服务机构、知识产权机构及平台等推进科研成果转化,支持知识产权创造与运用,按照实际投入、提供服务等给予单个企业或机构最高1000万元奖励
8	广州南沙新区(自贸片区)促进独角兽企业发展扶持办法	广州南沙开发区管委会办公室、广州市南沙区人民政府办公室	2022年4月21日	独角兽企业在南沙区进驻实际研发团队并产生自主研发经费投入的,按照其提交申请的上一年度在南沙研发经费投入的20%,给予最长3年累计最高1亿元的研发投入补助。支持独角兽企业围绕南沙区重点产业领域,与国内外知名高校、科研院所、大型科技企业合作共建重大研发机构等高水平创新平台。南沙区每年安排不低于10亿元的资金用于围绕智能制造、数字经济、金融科技、医疗卫生、城市治理、商业创新等重点

续表

序号	政策文件	发布机关	发布时间	科技成果转化相关政策条款
9	广州市南沙区知识产权发展资金管理办法（试行）	广州市南沙区市场监督管理局	2022年1月13日	领域建设应用场景。优先对区内独角兽企业开放使用数据资源，优先推广区内独角兽企业产品及服务，重点支持区内独角兽企业参与南沙区示范性项目建设，促进创新产品的规模化推广应用
10	南沙区科技型中小企业信贷风险损失补偿资金池管理办法	广州市南沙区科学技术局	2021年10月12日	科技信贷风险资金池重点支持具有自主知识产权、较强的创新性和较高技术水平、较好市场前景和经济社会效应的科技型中小企业，优先支持承担国家、省、市、区科技计划项目的规模化推广应用
11	广州南沙新区（自贸片区）知识产权促进和保护办法	广州南沙开发区管委会办公室、广州市南沙区人民政府办公室	2020年5月1日	规范科技型中小企业信贷风险资金池的管理，进一步发挥财政科技资金的引导作用和杠杆效益，加强科技要素和金融创新的结合，促进科技成果转化及产业化，推进高新技术产业的发展和产业结构转型升级
				促进科技成果转移转化，搭建科技成果转移转化平台，为企业、科研机构、高等院校推行科技成果转化提供培训及咨询服务，在科技项目落地、协同研发、产业整合、科技产业基地和科技园建设等方面提供支持。政府设立的高等院校、科研机构，可以将其依法取得的职务科技成果的知识产权以及其他未形成知识产权的职务科技成果完成人、投资人、股等权利，自主决定全部或者部分给予科技成果完成人，自主约定双方成果收益分配方式。培育规范知识产权市场，知识产权交易、支持知识产权交易平台的建立和发展，提供知识产权交易、知识产权运营和知识产权投融资等服务，促进知识产权信息的传播和利用

续表

序号	政策文件	发布机关	发布时间	科技成果转化相关政策条款
12	支持南沙科学城建设粤港澳大湾区综合性国家科学中心主要承载区若干政策措施	广州南沙开发区管委会办公室、广州市南沙区人民政府办公室	2021年3月18日	每年安排1亿元对区内各类创新主体开展核心技术攻关、产业共性技术研发、企业技术难题揭榜等研发活动给予专项支持。对具有创新性、引领性、突破性的项目给予最高1000万元资金支持。对实现重大技术突破、获得知识产权、具有良好市场前景的技术、装备和产品，组织实施产业应用示范项目，按每个项目实际投入费用的30%给予最高500万元资金补贴。对区内各类创新主体获得的国家、省、市级科技计划项目、科技奖及中国创新创业大赛奖励或math支持的项目，采用后补助方式进行配套奖励，对国家级的给予100%最高500万元的配套资金奖励，对省级的给予70%最高300万元的配套资金奖励，对市级的给予50%最高200万元的配套资金奖励。支持区内高校、科研院所、非民办高校科技成果产业化过程，加快孵化科技企业、加速科技成果从实验室到产品中试的工程化过程，按其实际投入中试建设经费的20%，给予该科技企业最高300万元的一次性资金补贴。对所孵化企业获得社会创投基金、股权投资基金投资的，按其实际获得投资额的50%，给予该科技企业最高100万元的一次性资金奖励

注：截至2023年12月31日，以上文件仍然有效。